くらし 気持ち ピカピカ

ちいさな会社の おおらかな経営

木村 祥一郎
木村石鹸四代目

SHUFUNOTOMOSHA

はじめに

僕が木村石鹸に戻ってきたのは、2013年のこと。当時、社長だった親父に、「わしは100周年を見たいんや」と言われて不安になったことを覚えています。1年後もわからない状況で、10年も先のことなんてわかるわけがない。自分は10年この会社を継続できるのか、考えるだけで不安になりました。

同時に、この会社が90年という長い年月を生き抜いてきたことに、あらためて驚きました。事業や会社が続いていくには、誰かに必要とされなければいけません。この会社は90年必要とされてきた。そんな会社を自分の代で潰してしまうわけにはいかない。あれから11年、無事に100周年を迎えることができ、僕は正直、心からほっとしています。

この本は、これまでブログやnoteで書いた文章がもとになっています。思いつきで書いた文章のあれこれを、本にするつもりはありませんでした。しかしこの大きな節目に、今の木村石鹸を何かのカタチで残したいと思うようになりました。主婦の友社の編集者から、「木村さんの文章を読んで、気持ちが軽くなったり、仕事に前向きになれたりする人がいるんじゃないか」と言われたことにも背中を押されました。

今、経営や仕事で悩んでいる人が、この本のどこかの言葉に心が響き、ほんの少しでも気持ちが軽くなり、前向きな一歩を踏み出すきっかけになれたらうれしいです。

はじめに …… 2

Part 1

組織は「人」でできている

うちの社員は、ほんまにすごいんやぞ …… 10

これまでの木村石鹸 …… 20

自分たちがいちばん自慢できる会社に …… 24

もっと「会社」を愉しもう …… 30

仲のよさは組織の強みになる …… 37

すっきりするまでコミュニケーションを …… 44

問題が起きることを前提とした組織づくり …… 47

『宇宙海賊キャプテンハーロック』にみる、組織づくりの理想 …… 50

仲間をつくるための社員採用 …… 55

「ｂｅｉｎｇ」の価値が会社を強くする …… 61

気持ちよく笑えることは、ひとつの能力 …… 64
他人がしてくれていることに敬意を払う …… 66
個々人の可能性や価値を高める「覚悟の交換」 …… 68

COLUMN 「自己申告型給与制度」とはどんな制度なのか？ …… 72

社員のモチベーションの向上に会社としてできること …… 86
居心地のいい組織づくりには、メタ視点が必要 …… 93
「何も起きない」ことの背景に目を配りたい …… 96
組織がマネジメントを強化するほどに、現場は機械化してしまう …… 98
会社の課題を解決するのは誰？ …… 103
いかに得点圏にランナーを進めるか …… 106
エレベーターピッチでは説明しきれないもの …… 110

Part 2

ちいさな会社でおおらかに、正直に

できるようになるのを待っていたら、いつまでたっても始まらない …… 122
新卒採用を始めた理由 …… 128
無駄があってもいい …… 132
その金は、わしが払うんやないんやで …… 136
クリエイティブは多数決で決めない …… 139
プロダクトもプロモーションも、正直に …… 145
非効率、でも大切なこと …… 151
「デザイン経営」の前に「あたりまえ」の見直しを …… 170
利益の源泉をコストダウンに求めすぎるのは危険 …… 178
弱い立場にならないために …… 182
タスクに埋め尽くされる時間とどう向きあうか …… 187
「親孝行強化月間」に感謝スキルを磨く …… 192
煙突を巡る木村石鹸四代の物語 …… 199

おわりに …… 206

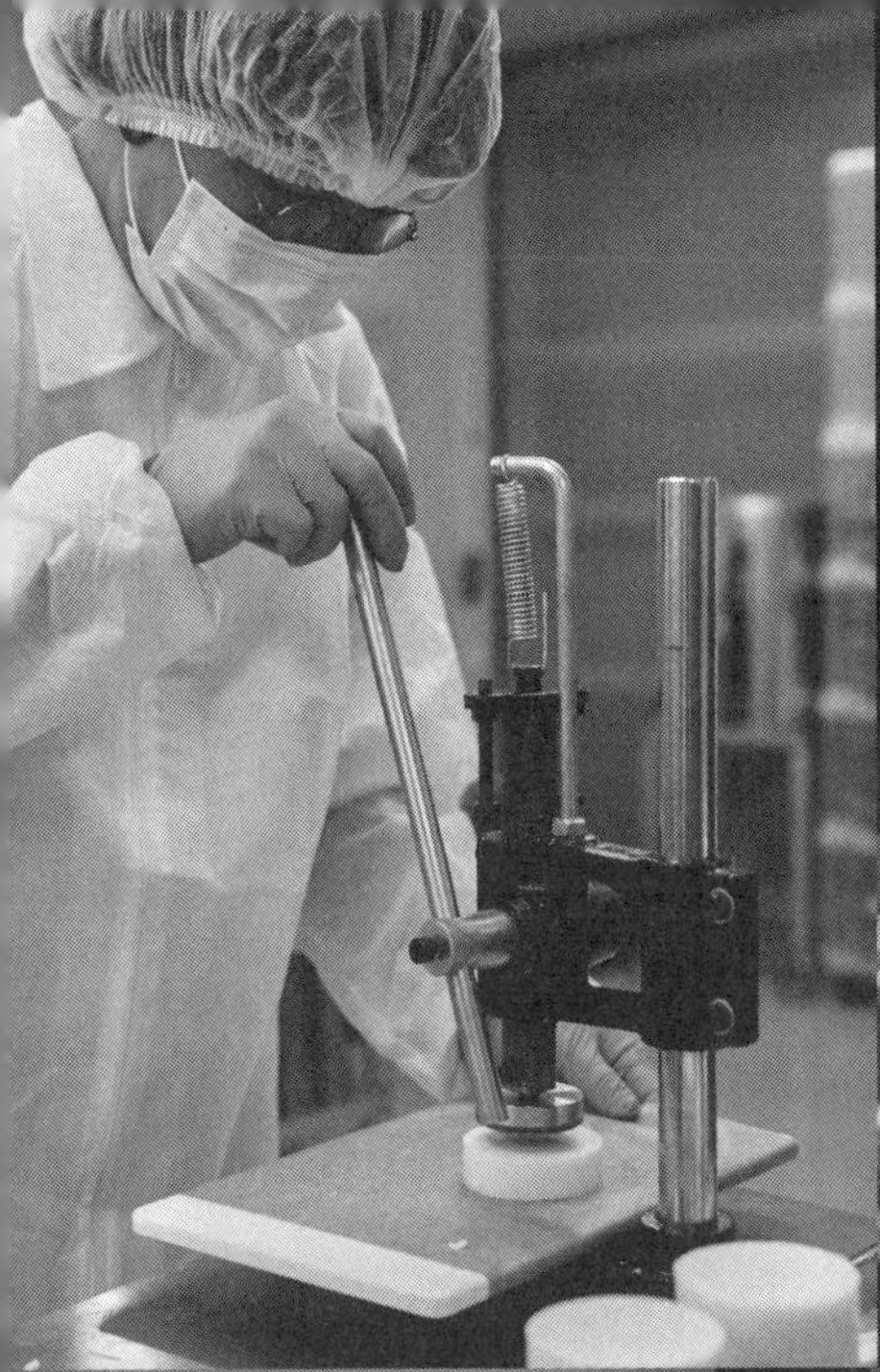
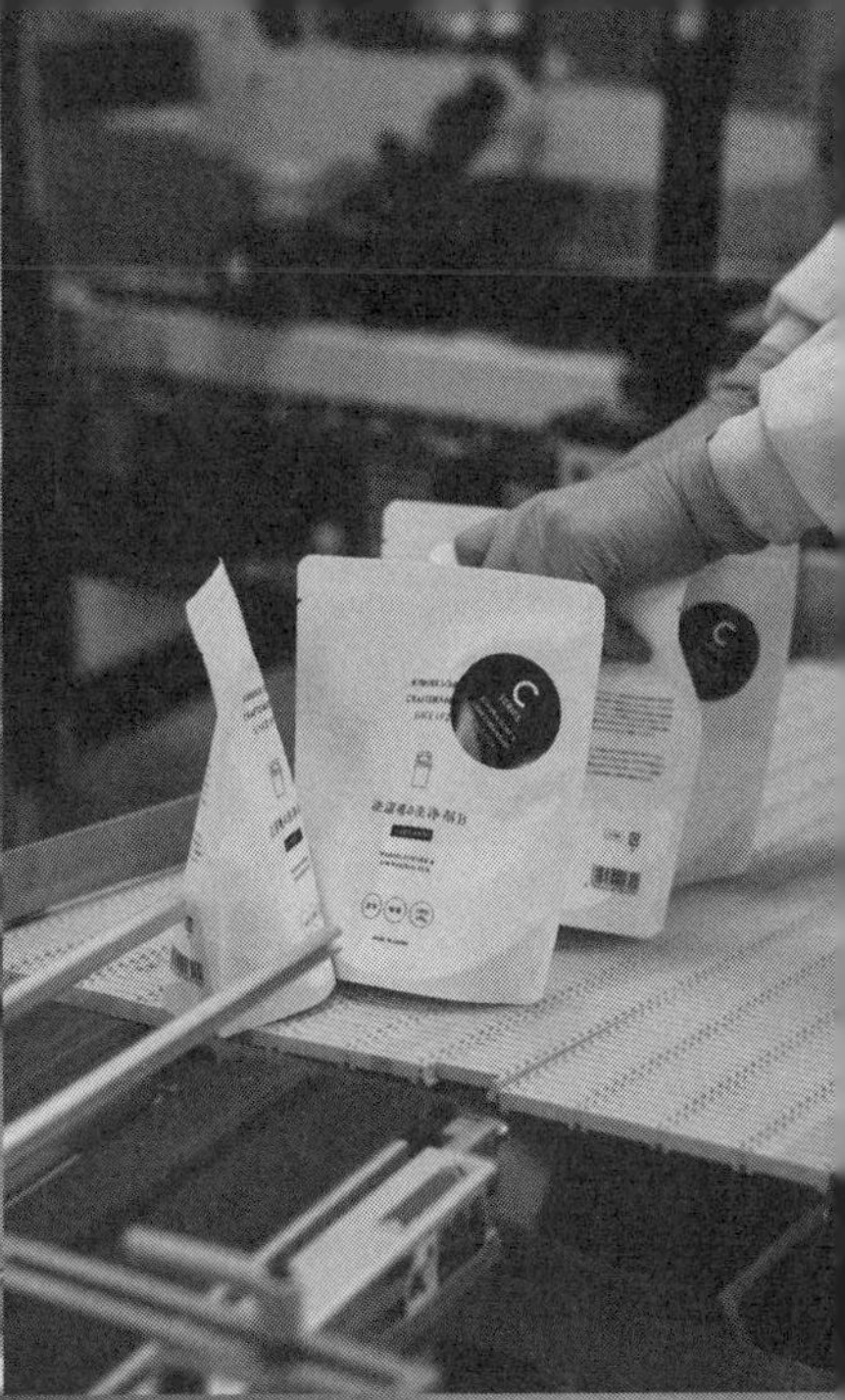

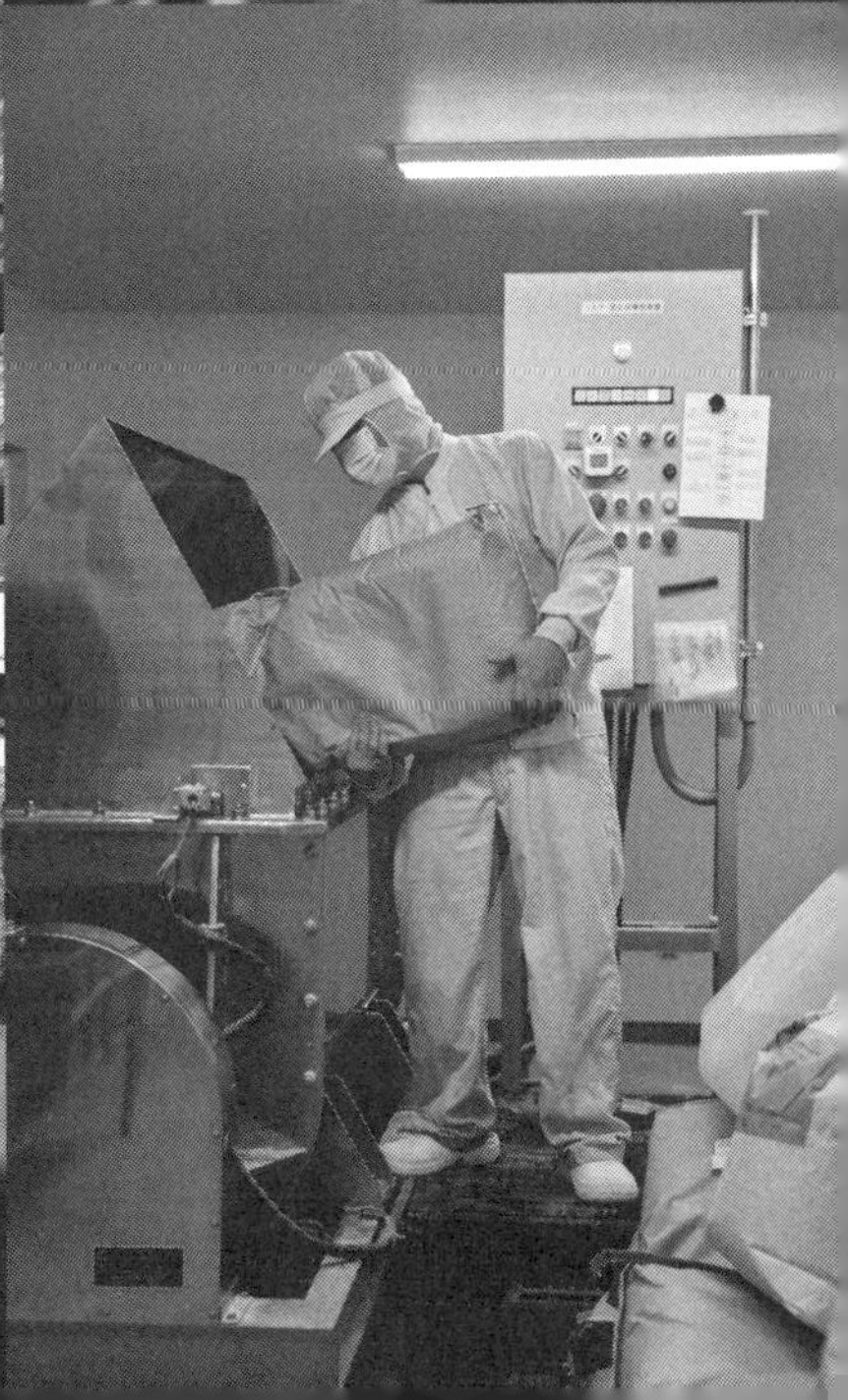

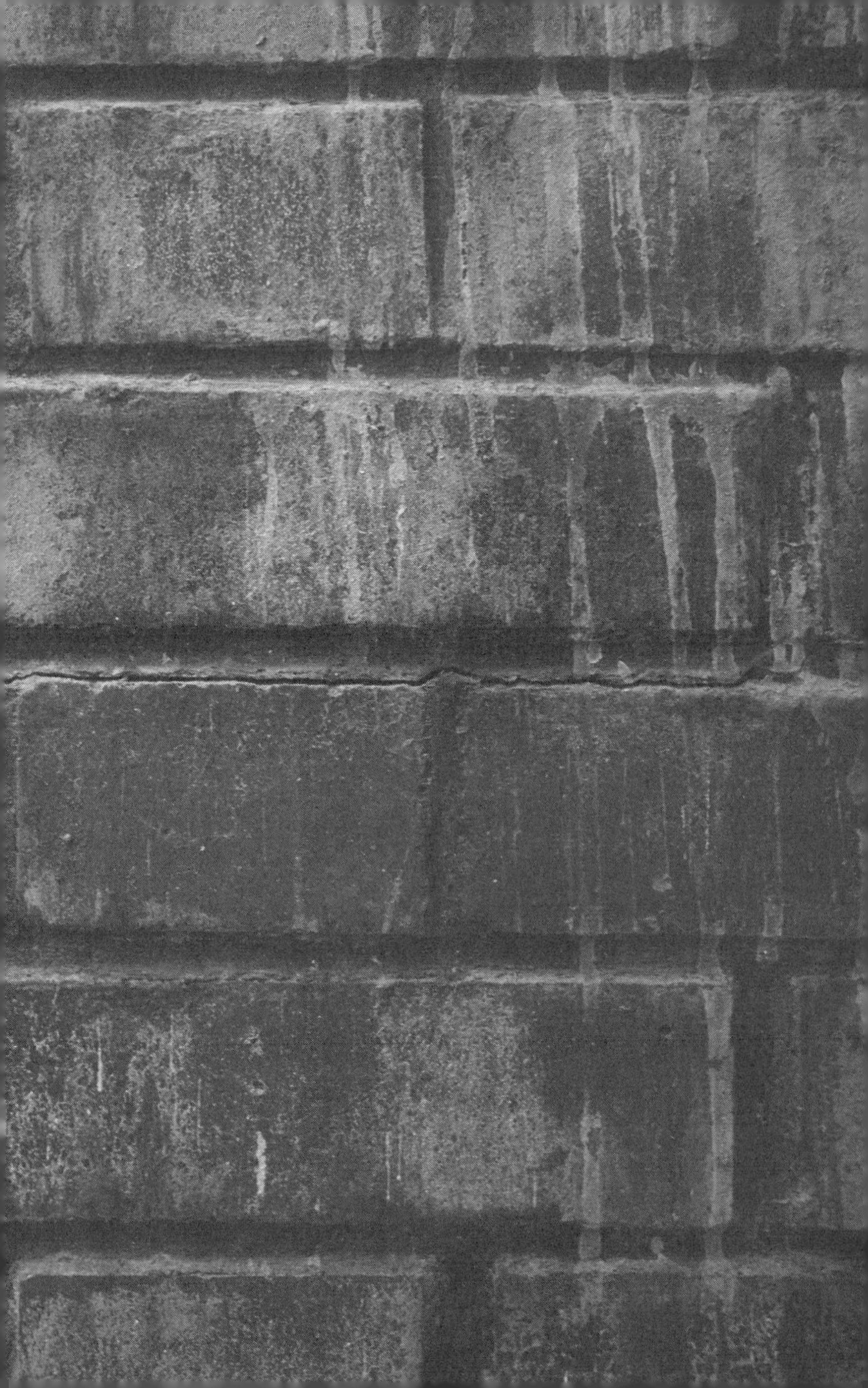

Part 1

組織は「人」でできている

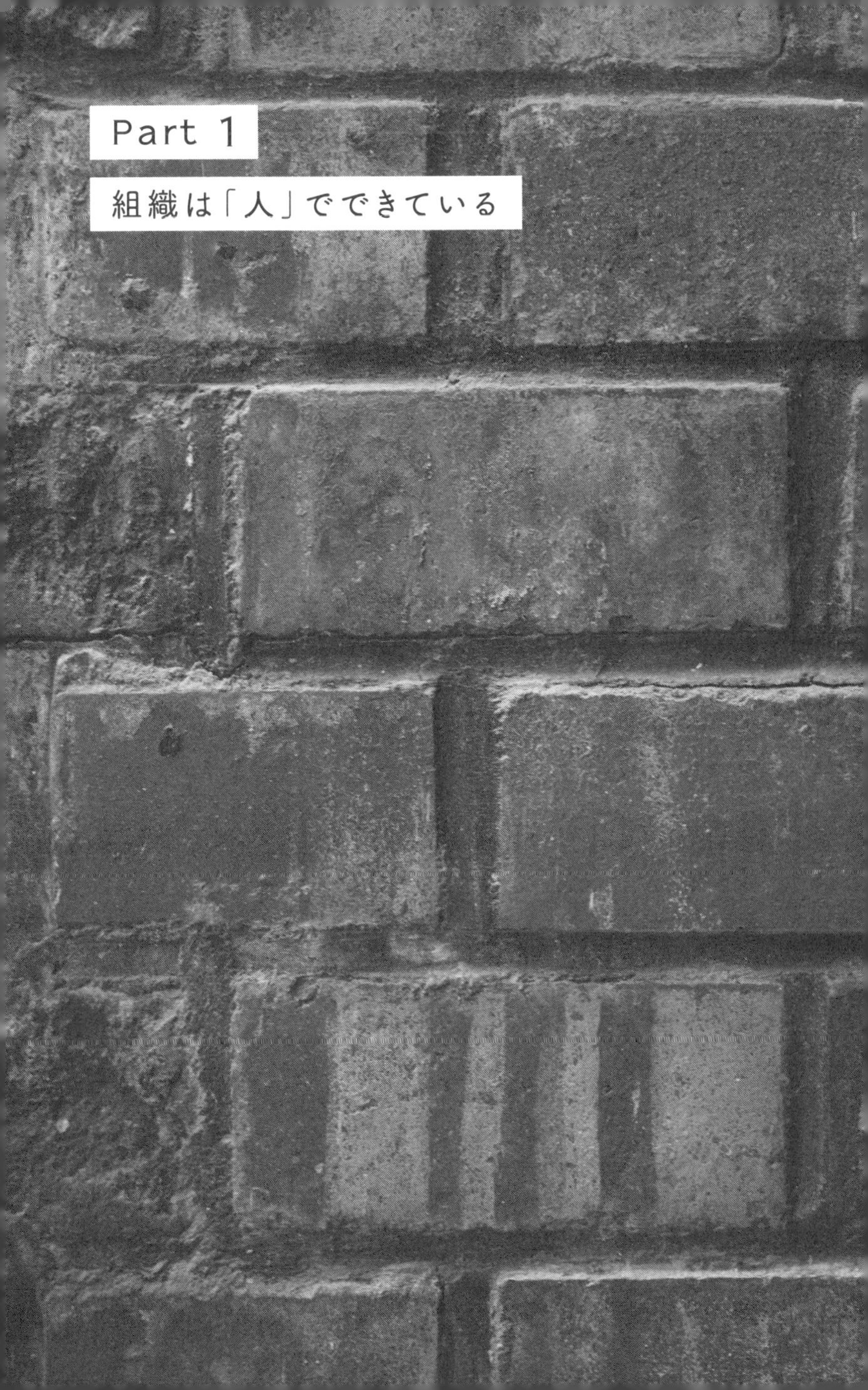

うちの社員は、ほんまにすごいんやぞ

「なぁ、うちの社員はすごいんやぞ」

親父がそう自慢してくるたびに、僕は心の中で「こんな地方の小さい会社にすごいやつがいるわけないやん」と小馬鹿にしていました。

親父は石鹸会社の社長です。社員数名。典型的な地方の零細メーカー。社長といっても製造もするし営業もする。いつも作業着を着て、どろどろになるまで働いていました。

僕にはその姿はものすごく格好悪く見えたんです。そういう姿に憧れて、父親と同じ道を歩みたいと思う人もいるのかもしれませんが、僕は逆でした。毎朝スーツを着て出社するお父さんをもつ周りの友達がうらやましかった。

住まいと工場は同じ場所にあり、親父はいつも目の前の工場にいて、石鹸を焚いたり、箱詰めをしたり、工場を修理するのに溶接したり、鉄を切ったりと「いったい何屋なんだろう」と思うくらい、あくせく働いていていて。家族旅行の記憶は、お盆や正月に母の実家の三重に行ったことくらい。海外どころか日本国内も、家族で出かけたという記憶はありません。

創業者の名前は木村熊治郎といい、僕のひいおじいさんにあたります。

代々の家業ということもあり、親父には物心つくころから「おまえはこの会社を継ぐんやぞ」「おまえは四代目なんやから」と言われ続けていたわけですが、そう言われれば言われるほど、反発心が芽生えていきました。なぜ、自分の人生を勝手に決められないといけないのか。自分はこんな小さな誰も知らないような会社ではなく、もっとクリエイティブな世界で、もっと大きな世界で活躍するんだ。その根拠のない自信の背景には、ここから一刻も早く脱出したい、違う世界に身を置きたいという気持ちがあったように思います。

年々重みを増す後継ぎプレッシャーや呪縛から離れることができたのは、大学生になって、京都で一人暮らしを始めてから。実家との物理的な距離ができ、ようやく「本当の自分」を取り戻せた気がしました。とはいえ、壮大な夢や目的は特になく、あっという間に3年が過ぎ、周りが就職活動に勤しむ中で、働かずに生きていけないかと、モラトリアム気分を引きずったまま、現実逃避よろしく、毎日釣りと麻雀と、家庭教師のバイトでのらりくらりと過ごしていました。

そんなある日、すでに大学を卒業していた先輩から「一緒にネットビジネスをやらへん？」と声をかけてもらったことをきっかけに、ベンチャー経営の道を歩むことになりました。

当時の日本はプロバイダーさえも数えるほどしかない状況。当然、インターネットが何かもよくわかっていませんでしたが、なんとなくおもしろそうというだけで、気軽に引き受けてしまったのです。まさか、その世界にあんなに夢中になろうとは……。

実家に帰るのは盆と正月ぐらい。高校ぐらいまではかろうじて多少の手伝いはしていましたが、20代になると石鹸工場にもまったく足を運ばなくなりました。実家で何が起きているのか、どんな商売をしているのか、僕は意識的に情報をシャットアウトしていたのだと思います。多少でも気にかけようものなら、すぐに「いつ継いでくれんねん」「いつ（家業へ）帰ってきてくれんねん」と言われてしまうから。それが嫌で嫌でたまらなかった。

たまに実家に帰ると、親父は「うちの会社はすごいんやぞ」「うちの社員はすごいぞ」

を繰り返します。僕に少しでも興味を持ってもらいたかったのでしょうか。そんな話を聞かされれば聞かされるほど、家業への嫌悪感が募っていきました。

起業したベンチャーの経営はものすごく大変でした。利益の創出はもちろん、優秀な人材を確保することの難しさや、その人たちのマネジメントの課題に常にぶつかっていました。ですから、親父の言う「うちの社員はすごいんやぞ」という言葉が、僕にはものすごく空々しく聞こえたんですね。どう考えてもただの虚言のようにしか思えませんでした。若いベンチャー企業である自分たちは、マーケティングをしっかり学び、経営についても最新の経営理論を参考にして、ある種、アカデミックに理論的に正しい経営のあり方を模索している。それに引き換え、家業は、どう見ても職人の世界だし、「ええもん作ったら売れんねん！」的な時代錯誤の会社だというような偏見を抱いていたんです。

親父が「うちの社員はすごいんやぞ」と繰り返し言っていたあのころから、いったいどれほどの月日が経ったでしょうか。

僕は今、僕自身が忌み嫌った家業をしています。

きっかけは二度にわたる「事業承継の失敗」です。

一時、親父は僕が継ぐのを諦めて、親族外の事業承継を試みました。しかし、うまくいきませんでした。あるベテラン社員は当時を「暗黒時代」と呼びます。失敗を厳しく叱責し、何かあれば責任を取れと迫る。そんな経営スタイルに社員は疲弊して、「このままでは全員辞めます」と親父に直談判をしたそうです。

二度目は僕が紹介した人でした。化粧品会社の役員や管理部門を渡り歩いてきた方が、自分のキャリアの最後に、小さい同族会社や親族だけで経営しているような会社を、外部事業承継をしても継続していける会社にしたいとおっしゃっていて、これは渡りに船だと思い、親父と引き合わせたところ意気投合。僕はその時、社長ではなく執行役員という立場でしたが、経営全般をお願いすることにしました。

しかしこれも2年で頓挫。新しい能力評価制度の導入で、何人かの社員が詰められて会社にいられなくなってしまったり、裏で親父や僕のことをこき下ろし、木村石鹸から追い出してしまおうと目論んでいたり、そんなことが発覚したのです。

二度の「事業承継の失敗」から、「もうこのまま放置しておけないな」と覚悟が決まりました。いや「覚悟が決まった」というより、「諦め」に近いでしょうか。「もう仕方ない」と、家業へ戻る決断をしました。自分が紹介した人が、会社を混乱させてしまった責任もあります。絶対継がないと言い張っていたものの、大学卒業まで僕はずっと両親の世話になりっぱなしでした。それも木村石鹸という会社があったから、僕は何の不自由もなく、何の心配もなく過ごせていたわけです。

もう今いるＩＴベンチャーのような気の置けない仲間との本当に楽しい時間はないのだろう。家業に戻ったら、仕事は仕事、プライベートはプライベート。しっかり線引きして、完全に「仕事」として割り切って取り組もう。信頼できる優秀なメンバーたちとの仕事はもうできないんだろう。そんなふうに諦めて家業に戻りました。

親父が繰り返して言う「うちの社員はすごいんやぞ」も、まったく信じていませんでした。今思えば、無知で恥知らずもいいところです。

こうして僕は家業に戻り、親父の後を継いで、木村石鹸という老舗石鹸メーカーの代表に就任しました。

不思議なものです。あの嫌いで嫌いで仕方なかった家業が、今はものすごく楽しいし、典型的な地方の中小零細企業の姿に、誇らしさを感じたりしています。気づけば僕自身が、いつの間にか「木村石鹸の社員はすごい」と会う人会う人に吹聴しまくっているのです。しかも、それだけでは飽き足らず、Xやｎｏｔｅでもそんな話ばかりしているものですから、いよいよ親父の発言回数を超えてしまったかもしれません。

いや、本当にすごいんです。うちの社員は。

すごいやつなんているわけないやん、と鼻で笑っていた自分が恥ずかしいぐらいに、木村石鹸の社員は優秀だったんです。それは僕が家業に戻って得た実感です。

皆とにかくまじめです。言われたことはきちんとやるし、言われていないこともやっている。誰に指示されるわけでもなく、各自が段取りや準備をすませている。急遽トラブル対応で作業する手が足りなくなったら、営業も開発の人間も自分事として手伝いに駆けつける。ふつうなら専門業者に頼むであろうことも、専門外だと投げ出さずに、ひとまず自分たちで作ったり考えたりする。だから、知識がぐんぐんと深まっていく。もちろん問題がないわけではないのですが、本当にすごいんです。

皆が「ここは自分の会社だ」と思って働いているんです。これはあたりまえのことのように思えますが、意外とそうではありません。

この意識は、個々人の能力やスキルが優秀であれば生まれるというわけではなく、親父が長年にわたって無条件に寄せてきた社員や会社への「信頼」や「期待」が生み出しているもののように思えたのです。こういった「企業文化」を根づかせるには、経営理念とか社訓みたいなものも重要だとは思います。でも木村石鹸の場合は、経営理念や社訓そのものよりも、経営理念や社訓を本気で大事にしている親父の方を見ているように感じました。そう、社員の多くは、親父を喜ばせたい、悲しませたくない、そんな想いが強かったんじゃないかと。

親父は何か高尚な戦略を立てるわけでもなく、リーダーシップを発揮するわけでもなく、ただただ社員を信じ、期待していました。だから、いつも「うちの社員は、皆、すごいんやぞ」と言い続けていたし、何か経営的にマズそうなことが起きても、「うちの社員ならなんとかできる」と、何の根拠もないことを自信満々に言ったりしていました。本気で、無条件に社員を信じていたのです。

人は、誰かに本気で信頼され、期待されれば、それに応えよう、裏切らないようにしたいと思うものなのではないでしょうか。

信じて期待する。それだけのことです。その力の強さとか、本気度だけが、社員の誠実さや仕事への真摯さ、懸命さみたいなものを引き出していたのではないかと思います。そして、それが組織としての優秀さにつながっていく。

今から11年前。41歳になった僕は、起業から関わった会社が成長することの楽しさも苦しさも味わい尽くして木村石鹸に戻ってきました。そして、その経験を生かしながら、木村石鹸に足りていなかった経営戦略や制度面などの整備をしました。時代に合わなくなった仕組みを見直し、改めた従来のやり方は多々あります。

ただ、社員を信じて期待するということだけは、変えてはいけないと心に刻んでいます。うわべだけでなく、本気で信じて期待する。これはやってみると、めちゃくちゃ難しいことです。僕もいまだ、できていないと思うことがよくあります。でも、本気で信じ、期待しなければ、社員も本気でそれに応えようとはしてくれないのです。

コロナ禍以降、売り上げの20%を占めていた中国向けの輸出が大きく落ち込んだり、資材や原料が高騰したりと、経営環境は決してよいとは言えない状況が続いています。

でも、僕も、親父と同じように社員を信じ、期待したいと思っています。信じて期待することが、社員の能力を引き出し、チームとしての強さを生み出す。それによりこの難局も乗り越えていける。僕はそう信じています。

そういえば、親父はいつか僕が木村石鹸に帰ってくると信じていました。僕は、そんなふうに信じられれば信じられるほど、鬱陶《うっとう》しかったわけですが、今になって思えば、信じ続けてもらえたのは、ありがたいことだったのだなと思います。もし、親父が諦めて、木村石鹸の株を外部の誰かに売ったり、譲ったりしていたら、今、僕はここにいなかったわけですから。

今現在、親父はほとんど会社には来なくなりました。持病があるために通院しながらも、釣りをしたり、以前購入した荒地をユンボで工事したりと、日々楽しんでいるようです。

そんな親父に「なぁ、うちの社員がすごいんやで」と熱弁している僕がいるんですから、おかしな話です。

1884年

はじまりは歯ブラシだった?!

創業者の木村熊治郎は、日本髪を結うときの髢《かもじ》を扱う家に生まれますが、家業が嫌で12歳で家を飛び出し、歯ブラシ屋の丁稚に。

1902年

初代の石けんとの出会い

日本で最初に歯ブラシの製造が始まった大阪で、弱冠18歳にして木村歯ブラシ製造所を創業した熊治郎。経営者として成功を収めるものの、銭湯で石鹸が油からできていると聞き、居ても立ってもいられなくなります。そのときは、石鹸は石からできていると勘違いしていたようです。

1924年創業

釜焚きに感銘!

それまで高級品だった石鹸が普及し始めた明治時代。一般に出回る質のよい石鹸が少ないなか、熊治郎は釜の中で成分を反応させて作る釜焚きに感動。歯ブラシの会社をたたみ、こだわりの石鹸を世に出すべく自ら職人修業を積んで「木村石鹸製造所」を創業。繊細な絹の着物を洗うための「振袖石鹸」をヒットさせます。

1944年

原料が入手困難に…

戦争が始まると、あらゆる生活物資が不足し、工場で使われる鉄などの金属は国が徴収。まともな原料が手に入らず、質のよい石鹸が作れないなら意味がないとの思いから、熊治郎は会社をたたむことを決意。

二代目の決意

1954年

熊治郎の息子・金太郎は、腕のよいボイラー技士として働いていましたが、身内びいきの会社方針に反発して退社。悩んだ末、かつての家業であった石鹸屋を再興することを決意。この時期に亡くなった母親の葬儀もできぬまま資金調達に奔走し、父と同様、怒濤の石鹸修業に没入。

銭湯全盛期に大ヒット!

1968年

当時、銭湯の掃除といえば、効率を重視した危険で強力な洗浄剤が多いことを耳にした三代目・幸夫。閉店後の銭湯に通い、石鹸ベースかつ噴霧式の洗浄剤を開発。一時期は敵なしの大人気商品に! 業務用リネン洗剤「ハイクリン」の販売を開始。

豊かな時代と消える銭湯

日本の高度成長期を支えた銭湯ですが、各家庭にお風呂が設置されるようになり、減少の一途をたどります。1968年をピークに、全国の銭湯は減り続け、90年代には約半数、現在は10分の1にまで減少。

三代目の才能開花

1976年

現・木村石鹸会長である金太郎の息子・幸夫は、幼少期から石鹸作りと販売に親しんだ町工場の申し子。幸夫の社長就任とともに、現在も本社がある大阪府八尾市に移転。職人としての腕前だけでなく、創意工夫と現場主義の研究でユニークな商品を開発。

隠れた人気商品

2006年

「トイレノズルの専用洗剤」で日本初の製法特許を取得。雑誌でも受賞するなど人気商品に。ニッチな商品が増える先駆けになりました。

四代目の家業は継ぎたくなかった

2013年

二度にわたる事業承継の失敗と景気の悪化による経営不振にあえぐなか、家業が大好きな幸夫とは正反対に、家業を継ぎたくなかった祥一郎。IT分野で起業した経歴をもちつつ事業を承継。経営再建に向けて自社ブランドの展開に力を入れ始めます。

2014年

12/JU-NI開発者が突然…

老舗町工場の木村石鹸が第二創業期を迎えることが話題に。それを聞きつけた多胡さん、化粧品開発者の募集がないにもかかわらず「ここで働かせてください」とやって来て、「SOMALI」のボディソープ、ハンドソープを開発。世の中、変わった人がいるもんやね！

2016年

石けんの良さを見つめ直す

すっかり自信がなくなっていた石鹸屋としてのプライドをかけて、石鹸としてのよさに原点回帰。持てる技術と処方で、人と環境へのやさしさを見つめ直したSOMALIシリーズ。中身はシンプルだが、製造は過酷で難しく、販売には勇気のいる商品でした。

2017年

プロ仕様の洗剤を家庭にも

これまで積み上げてきたノウハウや処方を切り出して製品として磨きあげたCシリーズ。銭湯の業務用だったエアーポールの家庭向け改良版「お風呂まるごと洗浄剤」「風呂床の洗浄剤」は、今も抜群の人気商品。

2019年

新たな開発に挑戦！

勝手に来た男・多胡さんが研究を重ね、悲願のシャンプー＆コンディショナーの開発に成功。クラウドファンディングを開始。あっという間に目標額を達成し、最終的には達成率1699%と大成功。ご支援くださった皆さま、ありがとうございました！

日本が誇る小さな大企業に！

「Forbes JAPAN」の日本が誇る小さな大企業を選ぶ「SMALL GIANTS AWARD 2019」にて「ローカルヒーロー賞」受賞！

2020年

12/JU-NI 発売開始！

4月12日に一般発売を開始するも、コロナ禍で商品の製造が需要に追いつかず、入庫即完売を繰り返しました。このときの経験から、定期購入システムを導入。

2024年

おかげさまで、
木村石鹸は100周年を
迎えました。

1

3

2

1_3代目(親父)が20代のころの写真。 **2**_現在の本社工場。 **3**_1975年ごろの工場にて。僕が手にしているのは1963年発売の衣料用洗剤「ホワイトベアー」。

自分たちがいちばん自慢できる会社に

木村石鹸には先代から受け継ぐ「経営理念」と「社訓」があります。

「経営理念」
私たちは、仕事を通して自己の品性向上に日々精進します
私たちは、お客様仕入先様と共に永続繁栄する努力をします
私たちは、健康で幸せな家庭づくりのために一致協力します
私たちは、堅実経営を基に社会に貢献することを誓います

「社訓」
家族を愛し仲間を愛し豊かな心を創ろう
質素で謙虚報恩の心で品性を創ろう
チームワークを大切に笑顔で明るい職場を創ろう

無駄を無くしアイデアを生かし真心を込めて製品を創ろう
何事も忠実に惜しまぬ努力で実績を創ろう

この経営理念と社訓には、ＭＶＶ（ミッション・ビジョン・バリュー）の要素が混じり合っています。「バリュー（行動指針・やるべきこと）」に偏りつつ、「ミッション（使命感・成すべきこと）」の要素が多少加味されていて、「ビジョン（理想像・目指す姿）」の要素はかなり弱い。

では、何に重きが置かれているかというと、自分たちがどういう存在で「ありつづけたいか」という点。どちらも当時の社員の意見をくんでつくったようですが、一人ひとりの想いがここに溢れているように思うのです。

会社にとってＭＶＶはとても重要。でも、そういう行動や目的を強化する「ｄｏｉｎｇ」のやり方ではなく、「自分たちがどういう存在であり続けたいか」を基準に事業や経営を考える「ｂｅｉｎｇ」の方法もあるのではないでしょうか。

あたりまえですが、何事にも「正直でいたい」と思っています。でも、ビジネスの中で正直さを貫くのは、なかなか難しい。環境や状況にかなり影響を受け、正直でいられなくなるような状況に追い込まれる場合があるから。それでも正直でいるためにはどうしたらいいのか。財務基盤がものをいうかもしれない、社員の性格や誠実さが大事かもしれない。自分たちがこうなりたい、ああなりたいという姿よりも、こういう存在であり続けるためには、どんな事業でどんな社員で、どんなポジションが必要なのか。――そんなふうに考えるのが「ｂｅｉｎｇ」のやり方。

もちろん、「ありたい姿」は社会的にも意味があり、存在を認めてもらえるものでなければなりません。「楽して儲ける」を最重要視しているビジネスは、社員にとってはありがたいかもしれませんが、それを目指している会社を周りの人たちが応援してくれるとは思えません。

数年前、マネジャー陣を中心に、現場の人間も何名か参加してもらって、「木村石鹸をどんな会社にしたいか？」というブレストを行いました。

まずは「どんな会社がいいか」を思いつくままに付箋に書いて貼り出してみると、

「商品が世界中で発売される」「『ガイアの夜明け』に出る」「給与が今の10倍」「給与は高く、休みは多く」など、たくさんの案が出ました。その後、これらを集約する言葉を考えていると、ある社員から「社員がいちばん自慢できる会社」という言葉が出ました。その瞬間、そこにいたメンバー全員が「これはいいね」となりました。

この言葉の主語は社員（自分たち）。自慢できるためには、自分たちのやっていることを正々堂々、自信をもって「よいこと」だと言い切れないといけない。これはすごく難しいことです。

「社員がいちばん自慢できる」商品を考えると、不誠実なことはできません。お客さんの反応よりも先に、自分の気持ちとか心の声に真摯に向き合えるかが大事です。後ろめたさみたいなものがあったら、本気で自慢なんてできないから。お客さんに喜んでいただいたり、感動してもらうことも大事ですが、「自分たちはこの商品を自慢できるんだろうか？」と内省することは、軸が「自分」だからこその厳しさがあります。軸が「他人」だと、誤魔化そうと思えば誤魔化せる。だからこそ「自分たちがいちばん自慢できる」と自信をもって宣言するには、相当な覚悟が求められます。

会社や事業のあり方もそうです。表向きはよいことばかり言って、周りから「すごいですね」「よい会社ですね」などと言われていても、中をよく知る社員が自信をもって自社を自慢できるのかどうかが、とても大事。このブレストの中で、「自分の子どもを働かせたい会社」という言葉も出てきましたが、よく知っている人や大切な友人や家族にも、働いてほしいと思える会社であるということが、「自慢できる会社」の中に含まれています。

この言葉を軸にして、木村石鹸をとらえ直すと、経営理念や社訓で示された価値観ともうまくマッチするし、さらに今後、いろいろな判断や決定を下していく際にも、指針としてフィットするんじゃないかと感じています。MVVではないけれど、自分たちらしい会社の将来像を考えられるような気がするのです。

社訓
一、家族を愛し仲間を愛し
豊かな心を創ろう
一、質素で謙虚報恩の心で
品性を創ろう
一、チームワークを大切に笑顔で
明るい職場を創ろう
一、無駄を無くしアイデアを生かし
真心を込めて製品を創ろう
努力で実績を創ろう

もっと「会社」を愉しもう

前職時代、起業から10年ほど経った頃のこと。創業当時より事業が大きくなって、社員も増えたことにより、組織体制の立て直しを行うことになりました。「ちゃんとした会社にならないと」と試行錯誤していたんですよね。

この文は、そんな時期に、僕から経営メンバーへ送ったメールです。読み返してみると、なんちゅう青臭さなんだろうと思います。でも、このとき考えていたことは、今もあまり変わっていません。経営者として、そして一人の社会人としての「ありたい姿」を、ここに残しておきます。

――ここのところ会議やなんやかや、少し違和感があって、それがなんだろうかとずっと引っかかっていたんですが、昨日ふとした折にそれを言語化できそうに思えたので、ここに書いてみようかと思います。

何かを考えたりするときに、どうも最近、ワクワクするかとか、愉しいかとか、そういう視点が欠けちゃっているなぁと思うんです。昔はルール1つを決めるにしてもワクワクした。何をやるのも楽しめた。でも、今はどうもそれがない。僕もないし、みんなにもない。なんでだろう。

なんとなくですが、「他の会社」や「世間一般」など、そういう曖昧で漠然としたものの考え方や基準をそのまま鵜呑みにしているからじゃないかなと思ったんです。そういえば、「自分らしさ」や「自分たちなら」という視点をまったくもたずに、物事を進めたり、決めたりしているなぁと。

そうやって決まっていくことがどんどん増えていき、それなりによくある会社っぽくなって。そのことは決して悪いことではないのかもしれないけど、僕の感覚では、どんどん型にはまっていって、害はないけれど、とりたてて注目すべきところもない凡庸な会社になっていっているような気がしてならないわけです。

少なくとも僕は「ユニークな会社」でありたいと思っています。どこにでもある凡庸な会社よりも、何か光るものがあるユニークな存在でいたい。会社としてだけでなく、その組織で働く人たちが皆ユニークであり、そのユニークさとユニークさが組み合わさって、ユニークなものが生まれる。それが理想です。

ユニークというのは単に「おもしろい」ということではありません。他とはちょっと違っているけど、その違いは奇をてらったものではなく、きちんと自分たちの頭で考え、自分らしさに対して筋が通っている、そういう「あり方」を意味しています。

今、会社がどういう状態なのかと考えてみると、「自分たちらしさ」がぼやけているのはもちろんですが、それがぼやけていることに頓着せず、なんとなく周りのみんながやっている方法をとっておけば無難だろうというノリで、たいした考えもなく、いろいろなものが決定され、進んでいってしまっているように思えてなりません。強烈な固有名詞ではなく、曖昧な普通名詞へ。そんな感じがするんです。

たとえば、僕の呼び方。役員会議の席で、会計士さんから「もうそろそろ企業としては、木村さんでは恥ずかしいですわ」と指摘され、これからは、きちんと役職をつけて「木村副社長」と呼ぶようにしていこうと決まったわけですが、実はずっと違和感がありました。そうやって、偉いさんの役職をつけて呼ぶことが、どうにも自分が考えている会社の像と一致しないというか、これって「ただの会社」だなぁという感じがしていたのです（「ただの会社」が悪いというわけではないのですが）。

よい意味でも悪い意味でも、フラットな関係、役職や職位を抜きにして突っ込めたりできるそんな人間関係が、うちの会社らしさの一つなのにと思っていたんです。もちろん呼び方が変わっても、何かが大きく変わったわけではなかったのですが、でも、なんだかこれは「らしくない」方法だぞ、と感じたことは覚えています。

つまるところ、考えていないのです。自分らしさや、自分がこうありたいという姿を。だから他の多くの会社がそうしているという最大公約数的な規範ですべてが決定されていってしまう。もちろん、考えに考え、最終的に「木村副社長」なら、それはそれでいいのですが、重要なのはそのプロセスだと思うんです。

こんなことは一例にすぎず、すごく些細なことかもしれませんが、こういうものの積み重ねで、どこにでもあるけれど、どこにも魅力のない会社ができあがってしまうんじゃないかな。僕はそれがすごく怖い。今さらながらに怖い。

経営における意思決定とか会社のルールに、唯一の正解なんてあるわけがありません。こちらの側面ではメリットがあるけど、あっちではデメリットだ、みたいなことばかりです。だからほとんどのことは「判断」ができない。「判断」とは、いくつかの材料の中からどれかを選びとること。一方「決断」には正解がない。最後は「エイヤー」です。だから、何を選びとるのかがその会社の個性であり、ポリシーとなる。

誤解を招きたくないので断っておくと、「ミッション」には、かなり忠実に経営をしてきたし、意思決定を下してきているとは思っています。

ただ、自分たちらしさとしてどうありたいか、どんな存在でいたいかに照らして、何かできているかというと、あまりできていないなぁと気づいたんですね。ユニークであるためには、自分たちで考え、自分たちがワクワクして、そして誰かに伝えたくて仕方なくなるような、そんな意思決定や行動をしなければならないと思うんです。

ここまで書いていて発見がありました。

要は僕は、自分の会社をもっと自慢したいわけです。うちはこんなにユニークですよ、こんなにおもしろいですよ、と。社員数とか、売り上げ規模とか、制作実績とか、そういうものだけじゃなくて、そもそもの会社自体の人格のすばらしさ、楽しさをアピールしたい、アピールできる会社にしたいんだな、と。

まだ東京支社に十数人しかスタッフがいなかったとき、なぜか、誕生日には、みんなからのカンパで何かがもらえるという習慣がありましたよね。人数が増えていって、自然となくなってしまったけれど、ああいうものって、すごく素敵だなぁと今でも思います。人を大切にするというか、みんなで人を祝い合う、あの姿勢は自慢できることだと思うんですよ。

ずいぶん昔のことになりますが、某大学でセミナーをしたときに、自分たちの会社が「どんな会社なのか」をまとめました。

✓ 結果よりプロセスを重視する
✓ 小さな成功体験を与えて成長を育む
✓ 全員が教育に取り組む
✓ 何をするかより誰と働くかを重視する
✓ ビジネスモデルよりも人／人の関係の強さがビジネスの強さ
✓ 自分たちで考え、自分たちで実践していく

✓ みんなでイベントを楽しむ、共有する

あの当時の僕にとってこれはリアルな内容だったし、実際、会社もその通りだったと思います。会社の規模としては、今より全然小さかったけれど、でも自分にとっては、どうだ、他にこんな会社あるか？　こんなすごい会社あるか？　と自慢したくなる会社だったんです。ワークフローをつくるプロジェクトがあったり、ゲーム方式で業務を学べるカード、社内で使う用語集をつくったり。うまくいかないことも多々あったけれど、自分たちで考え、工夫して、実践していたなぁと思います。それが今は社員数や売り上げ規模、制作実績などがアピールの対象になっている。なんかそれって悲しい。

僕からの提案は1つです。もっと「会社」を楽しもうということです。「仕事」を楽しむことは当然、もう1つ上のレベルで、「会社」を楽しもうと。ユニークになろう。そして、自分たち「らしさ」とは何かを考えていこう。

仲のよさは組織の強みになる

大阪・八尾の本社には、一応、僕専用の部屋があります。外での用事がないときは部屋にこもって作業に没頭していることが多く、気づいたら終業時間を随分過ぎていることも。そんなときは部屋を出るとたいてい真っ暗、エレベーターもＯＦＦにされ、完全に戸締まりされている。つまり、僕の存在は忘れ去られているのです。

僕はこれは悪いことではないと思っています。個室に移ったのも、僕が現場にいると、社員に自律を促していくのにあまりよくないと思ったから。社長の存在など忘れてしまうぐらいのほうがいいんじゃないかなと思うのです。

その日も仕事を終えて部屋を出たら、本社棟は完全に戸締まりされていました。外に出ると隣の棟の部屋から明かりが漏れています。珍しく残業しているのかと気になって、覗きに行きました。木村石鹸では、よほどのことがない限り残業はしません。残業しているということは、何かしらトラブルの可能性が高い。「おつかれー、大丈夫？」と、皆の労をねぎらおうと思ったわけです。

ところが、目の前に広がっていた光景は予想外のものでした。

若い社員の何人かが、ＮＩＮＴＥＮＤＯ　ＳＷＩＴＣＨを持ち込んで、対戦ゲームをしていたり、机の上には、今しがた届いたとおぼしきピザが広げられていたり。誰かの家に友達が集まって遊んでいるような光景が広がっていたのです。

「なんや、残業してるのちゃうんかいな？」と僕が言うと、社員の一人は、「残業なんかするわけがないじゃないですか！」と言って笑っていました。そのチームには若い社員が多く、地方から大阪に出てきて独り暮らしをしている人もいて、業務だけの交流に留まらず、プライベートでも誰かの家に集まってはゲームをしたり、映画を観たりしているそうです。その日は会社で「ピザパ」をやっていた。

三重県伊賀市にある工場「ＩＧＡ　ＳＴＵＤＩＯ　ＰＲＯＪＥＣＴ（以下ＩＧＡ）」の若い社員たちも、いつも遅くまで会社に残ってはしゃべったり、人狼ゲームをしていたりします。業務は17時30分までに終わっているのに、彼らはいつも19時ぐらいまで会社にいるのです。

このＩＧＡの敷地内では、「ＩＧＡファーム」という畑の運営もしています。工場の一角に畑をつくり、それを社員たちで管理しているのです。もちろん、業務とは何の関係もありません。キュウリやタマネギやナス、サツマイモなどを栽培し、収穫しては社員皆で分配しています。

誰が担当と決めているわけでもなく、皆、自主的に畑の面倒を見ています。業務が終わると、畑で水やりや収穫をするなんていうのが日常の風景。

ちなみに「工場の一角で畑をやる」ことについては、会社の許可や承認のうえで進めていることではありません。木村石鹸にはその手の承認プロセスがないので、勝手に始まったことです。畑の管理のための農機具を買うのに経費が使われていますが、このあたりも社員が勝手にやっていることで、承認があるわけではないのです。僕は傍観者。収穫できればうれしいし、周りの人たちも感謝してくれる。やっている本人たちも楽しそう。何より、工場で本業とは関係ない畑をやるって発想が素敵じゃないですか。工場を単に仕事場だと考えていたら、こんな発想は出てきません。わざわざ手間暇かかる畑なんてやろうとは思わないでしょう。この場所を、自分たちなりに〝もっとよい場所〟にしようとしてくれている表れだと思うので、僕はすごくうれしいわけです。

また、木村石鹸では、業務中の雑談も推奨しています。雑談している時間を、仕事していない無駄な時間だと考える人もいます。おしゃべりしている暇があれば手を動かせ。私語厳禁。まだまだそういう職場は多いと思います。でも僕は、「雑談」から生まれる人との関係の方が大事だと思っています。雑談って意外と難しいものです。仲よくないとおもしろくないし、そもそも関係がよくないと、雑談はできません。あちこちで雑談ができるのは、人間関係がよいから。雑談ができるようになることで人間関係が育まれ、よくなってもいきます。そして何より「仲がよい」ことは、会社の強みになると思っています。気心が知れて、お互い信頼しあえている連中となら、何をしていてもおもしろいと感じられるでしょうから。

僕の前職時代もそうでした。事業はものすごく大変だったし、満足に休みも取れないぐらいの激務。トラブルにも遭遇して、その度に精神的にも大きなダメージを受けました。でも、スタッフ同士の仲がよかったから乗り越えることができました。仲がよいことはピンチへの強みになるんですよね。

しかし、「仲がよい」と言いたいことが言いにくくなってしまうことがあるので、組織においては、必ずしもメリットばかりではないともいわれます。でも、そうなのでしょうか？　本当に仲のよい関係というのは、そういうこともちゃんと言いあえる間柄なのではないでしょうか？

仲よくなることは、指示命令でできることではないし、環境や制度設計でも実現することは難しい。なんだかんだたわいない会話を交わしたり、一緒に長い時間を過ごしたり、一緒に何かしら取り組みをしたりすることで関係性が育まれていきます。だから、社員たちが自主的に何かに取り組みだしたとき、僕はできるかぎり口出しもしないし、止めません。業務以外で一緒にどこかに行くとか、遊ぶとか、そういう時間がお互いをよく知ることにつながるから。

今日もまた僕の知らないところで、何かしら新しい取り組みが始まっているかもしれない。僕はそれがすごくうれしいのです。

2 1
4 3

1_本社・社長室にて。 **2,3**_社員がおもしろがって、つくってくれた僕の似顔絵キャラやシールが社内のあちらこちらに。僕の誕生日や会社の創立記念日など、何かイベントがあるたびに増えていきます（すべて経費ですが。笑） **4**_昼休みの娯楽として社員の間で「絵しりとり」がはやっているようです。

いつもなにやら楽しそう。
作業の合間にこんな風
景がよく見られます。

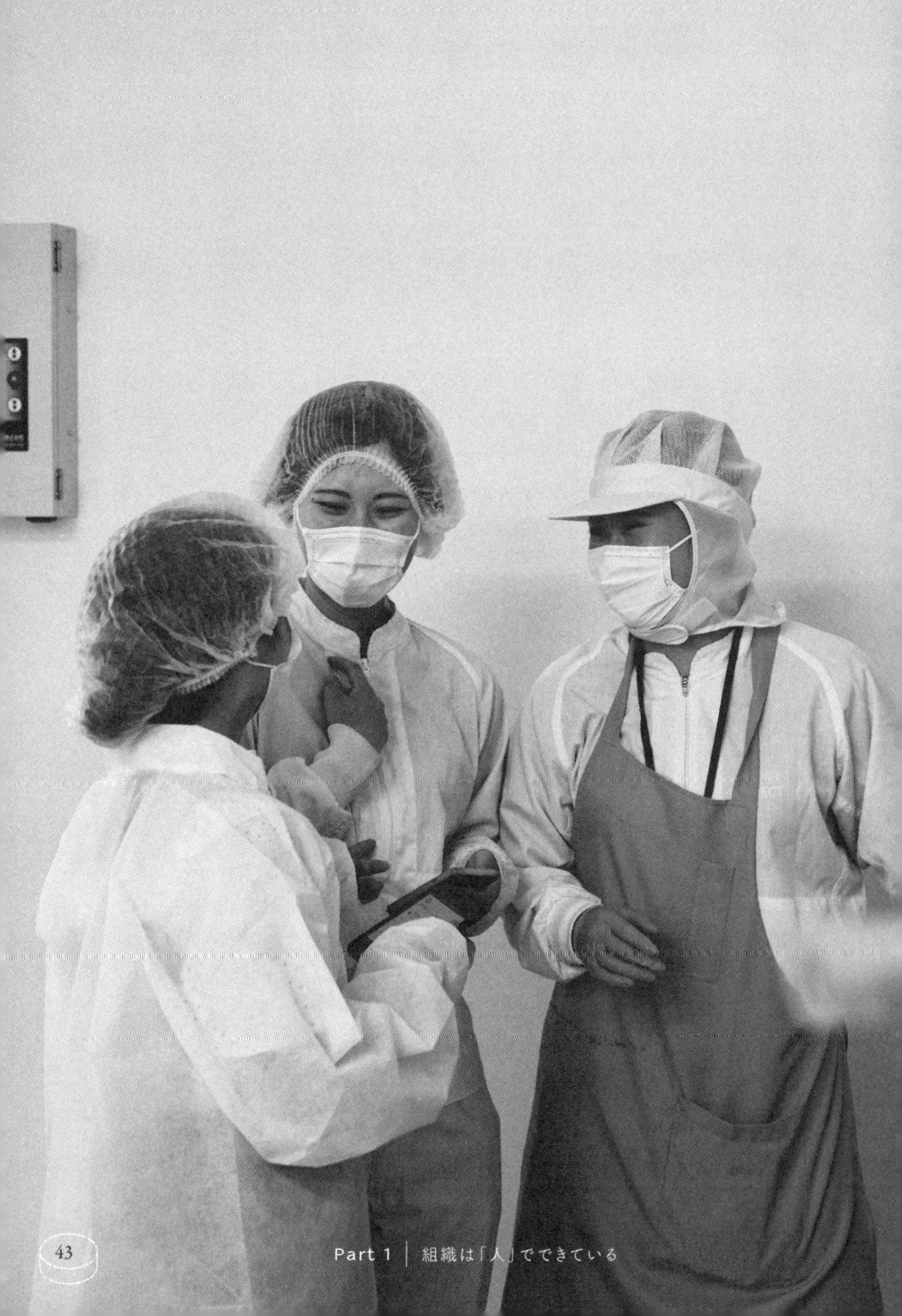

すっきりするまでコミュニケーションを

業務の専門性を高めるために組織をチームや部門に分け、役割が細分化してくると、「中途半端なコミュニケーション」による問題がちょくちょく発生します。

たとえば、商品開発部と営業部があるとします。

ある商品を販売していく中で、営業部はお客さんからさまざまなクレームを受ける。営業部は、お客さんからのクレーム一覧とともに、これだけは対応してほしいという改善リストを商品開発部に提出する。ところが、リニューアルされた商品には要望していた改善がなぜか盛り込まれていない。当然、営業部としては「なんで対応してくれないんだよ」という不満が募る。結果、商品開発部への不信感につながる。

この場合、営業部からの要望に対応しなかった商品開発部に問題があるように受け取られてしまうかもしれません。ですが、そもそもの問題は、両部署間でちゃんとしたコミュニケーションが取れていなかったことにあると思うのです。

「なぜ、対応されなかったか」を、営業部が知らない、わからない、という状況がマズい。商品がリニューアルされるまで、営業部がその商品がどうなるのかを知らないというのも問題です。

お客さんのクレームや要求をシェアするという手続きや仕組みは一応あっても、その先どう対応するか、その対応を誰とどうシェアするのかまで行き届いていないと、こういった問題は起こってしまいます。

大手企業ならこういうとき、手続きやプロセスを細かく決めることでルール化していくのだろうと思いますが、社員数が少ない小規模の会社であるなら、単純に、開発と営業が「お客さんのクレーム」や「商品に対しての要望」について、もっと話をすればいいだけのはず。

話をしているうちに、リニューアルの際、商品改善に至らなかった理由がわかるかもしれないし、単に開発側が優先順位をはかり違えていたといった勘違いに気づけるかもしれない。即問題解決とはいかなくとも、お互いすっきりするレベルまで、コミュニケーションを取ればいいのでは?

コミュニケーションがうまくいかなくなるのには、いくつか原因があります。部署とか部門ごとに業務を明確に切り分けすぎて、蛸つぼ化しちゃうとか、何かしらの序列や優劣があって（あるように思えている）、すっきりするところまでコミュニケーションを詰めることがはばかられるとか、お互いに遠慮しているとか。

何にしても、中途半端に不満を募らせるのではなく、納得いくまでお互い確認を取り合わないといけません。開発側も要望を出している営業に対して、結果どういう対応をしたのかをきちんとフィードバックする。営業と開発、「どちらが」ではなく「どちらも」が、相手との間に何か気持ち悪いものを残さないようにする、そんな意識を持ってコミュニケーションすべきです。

問題が起きることを前提とした組織づくり

最近、友人との会話の中で、興味深い考え方に触れる機会がありました。
それは、「人は失敗する生き物である」という前提に立って、社会制度や組織を設計するというもの。
具体的な例として、オランダの教育制度や社会インフラが話題に上りました。

オランダでは、運河が国中に張りめぐらされていますが、その周囲には、危険を知らせたり立ち入りを禁じたりする看板や柵がほとんど見当たらないといいます。人間は事故や失敗を完全には防ぐことができないという前提のもと、運河に落ちても溺れないようにするための訓練や教育に力を入れているのだとか。

この「失敗はつきもの」という精神が社会全体に根づいていると、自然とチャレンジしやすい心理的状況が生まれているのではないかと感じたのです。

この考え方は、組織運営においても重要だと思います。問題が起きないように、失敗しないようにと組織を運営するのか、問題が起きるのはあたりまえ、失敗もつきものという前提で運営するのかでは、組織のあり方は大きく変わります。

失敗や問題発生を前提としていない組織では、それらはネガティブなものとしてとらえられるでしょう。失敗しないこと、問題を起こさないことに神経がつかわれるので、「やり慣れたことを続けたい」という心理が働きます。すると当然ながら、新しいことに取り組みにくい、チャレンジしにくい状態になってしまう。

新しいことに取り組めば、たいてい何かしらの問題は起きます。失敗する確率のほうが高い。それでも志を持って取り組もうとする気概がある人でないと、新しいことにトライできない。

組織には、そういったチャレンジマインドを持った人が必要です。全員がそうである必要はありませんが、そういう人を周囲が認められる場づくりが大切だと感じています。

場のムードというのは、そこにいる人たちのマインドや文化と密接に絡むことなので、簡単に実現できるものではないでしょう。でも「失敗や問題が起きるのがあたりまえなのだ」という寛容な認識を、そこに集うメンバーが共有しているだけでもずいぶんとムードが違ってくるのではないでしょうか。

『宇宙海賊キャプテンハーロック』にみる、組織づくりの理想

以下は、2013年4月3日にFacebookに投稿した文章です。

——また『宇宙海賊キャプテンハーロック』(テレビアニメ）の放送があるのかー。子どものころから僕は『宇宙戦艦ヤマト』よりハーロックが好きでした。ヤマトよりアルカディア号のクルーになりたかった。ヤマトは規律正しい人たちが集うエリート集団だけど、アルカディア号のクルーは変人、奇人ばかりだ。ヤマトの船内はチリ一つないけど、アルカディア号はモノが溢れ、カオス状態。整理整頓なんて全然できていない。ハーロックの思想は、いざというときにちゃんと仕事するなら、普段は何をしてようが構わないという放任主義だ。

僕の理想の組織ってのはアルカディア号に近いなーと今さらながら思った。

今も、同じように思っています。

『宇宙戦艦ヤマト』も『宇宙海賊キャプテンハーロック』も松本零士先生の作品。どちらも宇宙を海に見立て、その海を宇宙戦艦が航海し、さまざまな敵との戦いやドラマがあります。でも、この両作品に出てくる宇宙戦艦はまったく違うキャラクター。『宇宙戦艦ヤマト』の方は地球の代表として地球の危機を救うために航海をしていることもあって、基本的にクルーは皆エリートです。きちんとした制服を着て、規律正しく行動します。艦長を頂点に物語の主役の古代進のリーダーシップで組織が運営されています。船内も整理整頓され、清掃もしっかり行き届いていていて乱れがありません。きちんと各分野には班長がいて統率が取れているのです。

一方、『宇宙海賊キャプテンハーロック』のクルーは宇宙海賊であり、基本的には自由です。「大宇宙に己の旗を掲げ自身の信念の下に生きる」というのが彼らのポリシーです。物語の中でハーロックたちも地球侵略をたくらむ異星人と戦ってはいるのですが、地球人からも海賊として恐れられています。また、ハーロック一味が乗船するアルカディア号は規律正しいヤマトとは正反対です。アルカディア号では有事の時以外は、めいめいが好き勝手なことをしています。

船員はたった40人。操舵手も決まった人がいるわけではなく、状況に応じて対応していて、皆がプロフェッショナル。そして、クルー各自はお互い信頼しあっていて、いい意味で他人にそこまで興味がありません。

たとえば、ヤッタランという艦内一の大食い、太っちょのキャラクターがいます。一応、副長という立場ですが、いつも趣味のプラモいじりをしていて、誰かに何か頼まれても「今忙しいねん」と適当に流してばかりです。しかし、彼はアルカディア号のシステムや構造に精通していて、メンテナンスや改装をすべて手掛けています。

ハーロックは、このヤッタランをとことん信頼していて、彼が趣味に没頭していることを気に留めていません。というのも、彼が遊んでいるうちは安全な状態だから。

また、アルカディア号の紅一点、有紀螢《ゆうきけい》は本来はレーダー手ですが操舵手にもなれる実力の持ち主で、戦闘指揮官としてスペースウルフの操縦もこなすほか、ハーロックの参謀的役割も担っています。

このようにアルカディア号では年齢や性別に関係なく大きな役割が与えられますが、この件で、他の乗組員と揉めたりすることはありません。皆、自身がプロフェッショナルでいられる役割や場所で、自分のパフォーマンスを発揮することだけを考えているのです。

誤解を招きそうなのできちんと説明しておくと、自分自身がハーロックのような強いリーダーを目指しているわけではありません。あんなカッコいいリーダーになれるとは思えません。それに会社なので「有事の時以外なにやっていてもよい」なんてことはさすがにありません。日々の仕事、活動はすごく重要です。

あくまでも組織としての理想の一つがアルカディア号であるというだけです。

では、アルカディア号の魅力を会社組織に当てはめて考えてみるとどうなるか。やや強引ではありますが、自身が理想とする組織の在り方に照らして考えてみます。


【主体性・自分事化の意識】各メンバーが、自身が最もパフォーマンスを発揮できる領域を自ら選択してそこに注力している。

【チーム・組織への貢献意識】自分のしたいことだけをしている（したくないことをしない）わけではなく、今のメンバー構成において担わなければならない役割を考えて行動している。

【他律的ではなく自律的な精神】いい意味で、皆が他人には無関心。人に対して寛容であり、お互いプロフェッショナルであることを信じている。

【信頼ベースのマネジメント】リーダーとしてのハーロックは、最終的な責任は取るが、基本はメンバーを信じきっていて任せている。メンバーもハーロックの信頼に応えようとしている。


目的が明確ではっきりしていて、プロジェクトを確実に遂行していく、という意味では、「ヤマト型」の組織づくりやマネジメントはしっかり機能するのだと思います。

しかし、個々人がどうありたいか、どう生きたいかと考え、それを追い求める人が集まっている組織においては、「ハーロック型」の組織のほうが適しているのではないかと思います。

仲間をつくるための社員採用

木村石鹸の採用では、何よりも「性格のよさ」を重視しています。「性格のよさ」は潰しが効くから。仮に、期待していた能力がうまく発揮できなかったとしても、性格がよい人であればなんとかなるんじゃないかと思っているのです。

会社のとらえ方は、いろいろあります。何かのビジョンを達成していくための「プロジェクト」だとすると、プロジェクト達成に必要なリソースを集めることが大事ですし、目的が達成できれば、プロジェクトは解散になるでしょう。「株式会社」の成り立ちを考えると、会社をプロジェクトのようにとらえるのも違和感はありません。一方、弱い人間が集まり、協力することで生き残っていけるとか、よりよい生活ができるといったように、会社を「コミュニティ」としてとらえることもできます。

会社を示す「ｃｏｍｐａｎｙ」には「仲間」とか「友達」の意味があります。語源は、ラテン語の「ｃｏｍ（共に）」と「ｐａｎｉｓ（パンを食べる）」からきています。訳語の「会社」も、藩の会合場所の「会所」と、仲間の意味の「社中」からきたものです。つまり、「ｃｏｍｐａｎｙ」も「会社」も、その根底には「仲間」がある。

「プロジェクト」としてとらえる場合、人材面でもっとも重要視されるのは、その人は何ができるのか、どんな役割を担うのか、でしょう。一方、「コミュニティ」としてとらえると、目的よりも、そのコミュニティが健全な状態を保ち続けることが大事です。その場合、もっとも重視されるのは、その人の「性格のよさ」ではないでしょうか。

僕は、どちらかといえば「コミュニティ」派。もちろん「プロジェクト」の要素がないわけではなく、あくまでも度合いの差なのですが。

極端なことをいうと、僕自身は、事業や仕事内容はなんでもいいのです。石鹸をつくっているのも、たまたま家業だからで、もともと石鹸に興味があるわけではありません。前職のときも、ＩＴに興味があったわけでも、何か社会課題を解決しよう、こんな世界を実現しようというビジョンがあったわけでもない。
でも、一緒に働く人にはこだわりがあります。僕は「性格のよい人」と仕事がしたい。大きなトラブルや問題、つらいことが起きても、この人たちとなら乗り越えていける。そう信じられる人と仕事がしたい。そういう人たちと仕事ができるなら、事業も仕事も何でもいい。そんなふうに思っています。だから、自分も、他の人にとって「性格のよい人」じゃないとダメだと思っています。

上司と部下、経営陣と現場、みたいな区分けではなく、一緒に仕事をする人たちが「仲間」のような関係であってほしいのです。だから能力とかスキルとかよりも、この人と仕事をして愉しいか、この人との関係は気持ちいいのだろうかと、かなり性格によった採用をしています。

数年前、三重県伊賀市の自社工場「IGA STUDIO PROJECT（以下IGA）」で、化粧品開発者の求人募集をしました。このときは工場を立ち上げたばかりということもあり、採用したい人の職種が明確でした。必要な能力も明らかで、そういう人を狙って採用したかったのです。

ところが採用選考で残ったある女性は、要件をまったく満たしていませんでした。前職は某自動車会社の工場勤務で、化粧品開発の経験もなければ知識もありません。普通に考えると、書類選考ではじかれそうな人物です。

ですが、何度かの面接を経て、彼女は最終まで残りました。面接をした人たちが皆、「彼女はとてもよい」「化粧品開発ができるようになるかはわからないけれど、採用しておいたほうがいいのではないか」と言うのです。

最終は、僕が面接をしました。その人の素を見たいから、面接では何か決まった質問を用意するのでなく、なるべくラフな感じで、ざっくばらんに話をするようにしています。

実際に彼女としゃべってみると、とても素敵な笑い方をすることに好感を持ちました。考え方も素直で、人を嫌な気持ちにしたり、不安にさせたりすることがない人だと確信しました。化粧品開発ができるかどうかはわからないけれど、「いい人」だったので、採用を決めました。

結果的に彼女の採用はとても大きいものでした。ＩＧＡでは、高校の新卒を毎年１

〜2名採用しているのですが、彼女がお姉さん的な立場を担ってくれたのです。今でも、彼女を中心とした若いスタッフは、とにかく仲がよく、仕事が終わっても、ずっと工場の片隅に集まっておしゃべりに興じていたりします。中学や高校の頃の部活帰り、仲よし同士で道草している、そんな光景です。

また、2023年から始めた工場直売イベント「IGA Smile」では、企画から実施までのプロジェクトリーダー的な役割を担ってくれました。彼女がリーダーだと、自然とIGAの他のスタッフたちも協力してくれるのです。

現在、彼女は勉強しながら化粧品開発も少しずつ進めているようです。僕らが求人時に想定していたような役割や職務を担えているかというと、そこまでには達していません。しかし、それを補って余りある役割を担ってくれています。現に、彼女の入社によってIGAはすごく素敵な場所になりました。本当に「仲間」が集うような場所になり、IGAという「コミュニティ」の質が上がったのです。

一方、未だにもともと採用したかった「化粧品開発者」は採用できていません。こういうのは運もありますし、能力やスキルだけを重視して無理に採用してもろくなことにはなりません。会社で起きる問題の多くは、人や人間関係に起因するもの。仲間にはそぐわないなと思うような人を採用しても、後悔することの方が多いはず。

だから僕は、「性格がよいかどうか」を重視して、「性格がよい人」が集まった中で、その人たちとなら何ができるのか、どこを目指せそうかを考えます。人ありきで、後から戦略や方向を考える。非効率なやり方かもしれないのですが、こちらのほうが愉しいし、今後遭遇するであろうピンチや問題にも、向きあっていけるのではないかと思うのです。

「ｂｅｉｎｇの価値」が会社を強くする

木村石鹸では、自身の給与を自分で提案する「自己申告型給与制度」という、ちょっと変わった制度を採用しています。

この自己申告型給与制度では、未来に対しての自分の貢献内容と、その貢献内容に見合う給与額を社員一人一人が自ら提案します。

となると、給与額を上げるには、何か新しい取り組みや新しい役割を提案しないといけなくなる。でも、新しい取り組みをするでもない、新しい役割を担うでもない、今やっていることを続けていくだけ、つまり、ただそこに「いる」ことに価値がある人もいるんじゃないかと思うんです。その人がいるだけで場の雰囲気が和んだり、心理的安全性が高まったり。そんな人には誰もが気軽に相談できるので、組織の問題やトラブルに早く気づける。その結果、スムーズに仕事ができ、離職率も下がる。

こういう価値を、僕は「ｂｅｉｎｇ（ありのまま）の価値」と呼んでいます。ただ「いる」ことに価値がある人って、組織には必ずいるのではないでしょうか。

問題はこの「ｂｅｉｎｇ」の価値を、自己申告型給与制度の中でどうやってくみ取ればいいのかということ。なぜなら、この価値は自己申告しづらいから。当人が、私には「ｂｅｉｎｇの価値がある」なんて言いにくいでしょうし、本人が自分の価値を自覚していないこともあります。

仕事はふつうにちゃんとやる。でも仕事内容や役割はそのまま変わらない。そうなると、うちの自己申告型給与制度では給与が増えにくいわけですが、その人自身に変化はなくても、周りにいる人がいい方に変わっているのであれば、スキルや実績と同じくらい、いやそれ以上に「ｂｅｉｎｇの価値」も評価していきたいんです。

製造にいるO君は、あまり積極的に新しい取り組みの提案をするタイプではなく、やらないといけないことをコツコツ真面目にちゃんとやる。そんなタイプです。彼は希望給与申告額も控えめです。なんなら本人に任せていると「ステイ」で申告してきたりします。しかし、製造現場において、彼はすごく大きな存在です。

彼はとにかく温和で、場の空気を悪くしない。彼がいるだけで、場が明るくなる。機械にも詳しいので、故障してうまく作動しなくなったときでも、彼がいると、皆は

「なんとかなる」と安心できるそうです。

新人や若手にとっても、彼の存在は大きな支えになっています。何か困ったときも相談しやすく、対応もていねいで優しい。年齢や社歴や立場などで態度を変えたりせず、皆に同じ対応ができる。パートの年配の方からも人気が高く、周りから絶大な信頼を得ています。

彼自身が何か新しい取り組みをしていなかったとしても、彼の存在が、その場の人たちの安心感につながっているのであれば、新人が入ったり、人が増えたりしたときに、必然的に彼の価値は高まっていると言えるのではないでしょうか。

自己申告型給与制度に限らずですが、こういう人の存在や価値は、企業がきちんと取り上げて評価することは難しいわけです。でも、「ｂｅｉｎｇの価値」をないがしろにしていると、それは少しずつ歪みとなり、周りの人たちのパフォーマンス（「ｄｏｉｎｇの価値」）を下げてしまうことになるんじゃないかと思うのです。

「ｂｅｉｎｇの価値」を組織の中でどう位置づけ、理解していくか。これが今後の組織づくりのカギとなりそうです。

気持ちよく笑えることは、ひとつの能力

ふと「気持ちよく笑う」ことは、かなり大事なことなのではないかと思いました。

昔の仕事関係者にものすごく気持ちよく笑う人がいました。「気持ちよく笑う」というニュアンスそのままの笑い方で、嫌味がないし、人に不快感も与えない。とにかく気持ちがいい。笑い方によっては嘲笑に感じられたり、癪《しゃく》に障《さわ》ったりすることもあると思うのですが、その人の笑い方だと、トラブルを引き起こすことはなさそうで。笑われた方も気持ちよくなる、そんな笑い方なのです。

よく笑う人には人が集まります。火の周りに人が自然に集まるみたいに、その人ならどんなことでも笑い飛ばしてくれそうな安心感があるのでしょう。

とにかく「ゲラ」で、いつもだいたい笑っているので、周りもつられてニコニコ、みんなを明るく元気にしてしまう。これはすごい能力です。

仕事なんだから、真剣にやれよ、という人もいます。でも、笑いのない張り詰めた

空気の職場って、すごく疲れます。メリハリは必要だけど、僕はできれば笑顔が溢れている職場のほうがいいなと思っています。

仕事は真剣に楽しくやりたい。

その人は仕事もすごくできたので、周りからの信頼も厚かったのですが、仮に、不器用だとか、なかなか仕事が覚えられないとか、少し仕事に問題を抱えていたとしても、その人が周りを明るくしたり、ニコニコさせたりするような力を持っていたら、それは十分、組織やチームにとっては重要な能力になります。

逆に、バリバリ仕事もできて、能力も高いけれど、周りの人を疲弊させたり、後ろ向きにさせるような言動を取ってしまう人ならどうでしょう。

どちらの人と仕事がしたいかと考えたら、僕は不器用でもニコニコ、周りを明るくさせる人と仕事がしたいな。

他人がしてくれていることに敬意を払う

人は他人の「できないこと」に目がいきやすいものです。自分が簡単にできることだとなおさら、その人のその一点が気になってしまい、どうしてこんな簡単なことができないのか、なぜこの程度のことがこなせないのかと、憤りを覚えたりします。

たとえば、朝起きるのが何の苦もなくできる人は、毎朝ギリギリ出社で、たまに遅刻している人を見ると、その人がダメな人に見えてしまう。

でも、自分が苦手で、なかなかできないことだけど、他の人が簡単にできていること、何の苦もなくこなせていることもあるはずです。

会社にはいろんな専門職の人がいます。それぞれが違う能力を持ち寄って、組み合わさって価値をつくり出す。それが組織であることの強みです。

だからこそ、他人のできないところにばかりに注目して、それを怒ったり、嘆いたり、不満をぶちまけたりするよりも、まず先に、他人がやってくれていることを見つけるようにしたい。そして、そういうところを見つけたら、まず、そこに敬意を払い、感謝することから始めたい。

違う部門や違う職種の人たちが、どんな仕事をしているかは、実際にはよくわかりません。よくわからないので、自分が理解できるところから、人や部門を見てしまいます。すると、目につくのは、自分（たち）はできているのに、ほかの人（部門）にはできていないところ。それが愚痴や不満につながります。

でも、もう一度よく考えてほしいのです。

不満や愚痴の対象となるその人、その部門は、あなたができないことや、やれないことをやってくれているはずです。あなたと違う業務をやって、違う困難に直面し、違うところで頭を悩ませていたりするものです。そういう人や部門が集まって、組織は動いているのです。そのことに目を向け、敬意を持つことを忘れてはいけません。

個々人の可能性や価値を高める「覚悟の交換」

人を評価するとき、他人と比較しない。比較するとしたら、その当人の「過去」と。そう決めています。

それでもふとした折に、無意識にやってしまうことはあります。「○○さんに比べたら、ちょっと仕事が遅いんじゃないかな」などと言ってしまったり。意識していても、ついついやってしまうくらい他人との比較は、ある意味、簡単です。

他人と比較すると必ず優劣が生まれます。Aさんに比べたら、Bさんはここがダメ、ここができていない。BさんはCさんよりここが優れているなど、他人と比較すると必ず、誰かの強みは、誰かの弱みになります。

まったく同じ業務内容の場合、Aさんは○分でできる、Bさんは○カ月でここまでできたといったような比較はその業務をアップデートしていくためのベンチマークになるのかもしれません。これを意図的にやって、やる気を引き出すマネジメントもあるのでしょう。でも自分が同じようにされたら、気分はよくありません。人とダイレクトに比較して、「できなさ」をあぶり出し、あおり立てるようなやり方は嫌いです。僕はそうじゃない方法を取りたい。

自身の給与を自分で提案する「自己申告型給与制度」は、他人との比較がないのがよいところ。会社としても誰と比べてどうか、という判断はしません。あくまでもその人の今までの信頼や実績と、これからやろうとしていること、そのやろうとしていることを会社はいくらの価値と考えるか、社員はいくらの価値だと考えるかの擦り合わせを行い、給与を決めます。

自分の給与が他の人に比べて低いという不満があるならば、納得できる給与を提案すればいい。ただし、希望する金額に対しての根拠を提案し、会社を説得しなければなりません。不満でくすぶるのではなく、自分がどんな働きをすれば、どんな貢献をすれば、その「他人」と同じ給与になるのか？　というふうに考えてもらえると、経営側としてはうれしいわけです。誰かと比較して高い低いではなく、その額を得るためには、「自分はどうすべきか」に意識が向く方が、その人の成長にとってもよいことだと思うのです。

こういった考えから、木村石鹸では評価に連動した報酬制度をとっていません。評価はあくまで「個々人の成長」を促すためのものであり、極端に言えば、評価の良しあしで、報酬のアップダウンはありません。

まったく同じ仕事をしていて、完璧に比較できる要素しかなく、そのうえでパフォーマンスに差がないのに給与に差がある、それは大きい問題です。でも現実的には、そんな仕事はわずか。少なくとも木村石鹸の場合は。同じ職種でも、状況も違えば、一人ひとりの価値も全然違います。

営業でも「売り上げ」や「粗利」など、単純な指標だけで比べても意味がありません。その人が社内のムードをよくしていて、他の人のパフォーマンスが上がっている、あるいは、新人の教育に熱心で、新人の成長にめちゃくちゃ貢献しているなど、人それぞれ得意不得意も、やり方も違うから。できれば、自分が得意な領域で、最大限の価値を会社に提供していってほしい。

でも、自分の仕事に「値付け」をすることは難しいことだと思います。会社としてもその値段が妥当かを判断するのは難しい。ですが、ある側面だけを切り取って、紋切り型の評価項目に○×をつけて、結果何点になりました、○ランクです、昇給額は

○○円です、といった従来の賃金制度も、よくよく考えたら、その評価判断に大した根拠はありません。しかも全然おもしろくない。だったら積極的に提案をして、自分の可能性や価値を高めていこうとする制度の方が前向きでおもしろいと思うのです。

社員が提案してくる貢献内容に期待が持て、この人ならできるだろうと信じることができ、かつ内容と金額がつりあっていると会社が判断すれば、それでGOになる。

このやりとりを、僕らは「覚悟の交換」と呼んでいます。

会社も社員も真剣にその内容と価値について詰めていく。もちろん、折りあいがつかないケースもあります。社員が提示している額が、貢献内容とどう考えてもつりあいが取れないと会社が判断する場合、社員はその価値を認めてくれる別の会社を探すというのも選択肢の一つです。会社としては、当然、辞められては困るのですが、価値判断に大きなズレがあって、折りあいがつかないとなると、お互い不幸です。最悪の場合、その社員が離職することになっても仕方ない、そういう覚悟で貢献内容と報酬の決定をしています。

「自己申告型給与制度」とはどんな制度なのか？

木村石鹸では2019年12月に従来の賃金制度を「自己申告型給与制度」に切り替えました。「自己申告型給与制度」はその名の通り、社員自身が希望の給与を申告するという、ちょっと変わった人事制度です。

先に説明しておくと、この「自己申告型給与制度」は、木村石鹸のオリジナルではありません。もともとは中小企業の人事制度構築のコンサルティングを行っている「生きがいラボ」さんが設計した制度で、それを木村石鹸に合うようにカスタマイズして導入しています。根本的な考え方や設計は「生きがいラボ」さんのフォーマットで、ここで書いている内容も、かなりの部分で「生きがいラボ」さんの受け売りのところもあります。この制度に興味があり、検討してみたいという方は「生きがいラボ」さんに相談してみてください。

「自己申告型給与制度」という言葉のインパクトが強いので、そんなやり方が機能するのかと訝《いぶか》る気持ちもわかります。ですが、この制度の肝は「給与を自分で申告する」点にあるのではなく、従来の給与制度と根本的なところで考え方が違う、その制度全体の設計や思想部分にある、と考えています。

従来の人事評価制度は、結果に基づき報酬が決まります。「結果」を何かしらの方法で「評価」し、その評価に基づいて「報酬」を決定するという仕組みになっています。「結果」をどのように「評価」するか？　その「評価」をどのように「報酬」に反映するか？　こういった部分に人事制度の仕組みの根幹があり、それに対して「目標管理制度」や「360度評価制度」や「コンピテンシーモデル」など、さまざまな手法や考え方があります。

一方、「自己申告型給与制度」の要は、「結果」ではなく、「未来」に対して、自身がどのような貢献を果たすかを提案し、その貢献に対して自身が考える報酬額を申告するところ。

この制度での従業員と会社の関係は、事業家と投資家の関係に似ています。といっても、社員を投資対象として見るとか、給与の支払いを投資と考えるといった意味ではありません。あくまでも構図が似ているという意味でのメタファーです。

投資は未来の期待に対して行います。給与の決定も何かの結果が反映されるものではなく、その人の未来(次期)の働きや活躍に期待して決めるべきであると考えます。

社員(事業家)は、会社(投資家)に貢献内容(事業プラン)を提案し、そのプランにふさわしい報酬額(投資額)を提案する。

会社(投資家)は、貢献内容(事業プラン)と報酬額(投資額)が見合っているかを検討します。見合っていれば報酬額(投資額)決定となるし、見合っていなければ貢献内容(事業プラン)の変更か、報酬額(投資額)の変更を話し合い、両者で合意点を探ります。

「結果」ではなく「未来」への投資だから……

仮に、社員から提案された貢献内容が、その期にまったく達成されなかった、実行されなかった場合。会社側にとっては「投資失敗」となります。つまり会社にも責任があるわけです。

従来の「結果」に基づく評価制度では、設定した目標が達成されなかったり、会社が要求する基準が満たせなかったりした場合、あくまでも本人ができなかった、というだけです。その評価期間の成績が思わしくなければ、その結果が次の評価に影響し、次期以降の給与に反映されるでしょう。

それに対し「自己申告型給与制度」では、提案した貢献内容が未達成でも、それが次の給与にそのままストレートには影響しません。毎回、次の期に向けた貢献内容に対するふさわしい給与額を申告する仕組みだからです。つまり、毎回「洗い替え」なのです。

では、毎度毎度、バラ色の貢献内容を提案をすればいいだけじゃないかと思われるかもしれません。期間中の達成度や内容が問われないなら、毎度、次の期は「こんなことやります」「あんなことやります」と提案して、それに見合う報酬を申告すればいいんじゃないかと。しかし、貢献内容については、その都度、実現可能なのかどうかの検討はします。検討時には、当然、その人の過去の仕事ぶり、信頼や実績、やる気が考慮されます。

とはいえ、従来の制度でも結果に基づいて考課は行われ、最終の報酬決定では、次期への期待や役割が加味されることも多いもの。いったい何が違うの？と思った人もいるでしょう。

これも投資のメタファーで考えてみます。

投資家が投資判断を行う際、事業プランそのものは重要視しますが、それだけを見て判断することはまずないですよね。その事業家(やそのチーム)の全体(過去も現在も)を見て、あらゆる面を十分に考慮して最終判断を下すのではないでしょうか。

会社の報酬においても、僕らは同じ考え方を採用しています。

当初立てたプランや目標、貢献内容が仮に実現できない状況だとしても、それにどう取り組んだのか、どう向き合ったか、その人物が周りにどんな影響を与えているか、あるいは直前期に限らず、それまでに当人が築いてきた信頼性や仲間との関係性など、さまざまな要素が、次の貢献内容と報酬検討に影響しています。

ただし、それが報酬そのものにダイレクトに影響するわけではありません。あくまで、貢献内容の実現性や信ぴょう性などを判断する際の検討材料として使います。ここは似ているようで、微妙に違うところです。

自分で自分の報酬を決めるのはとても難しい

この制度の難しいところは、自分で自分の報酬を決めなければならない点。フリーランスなら自身の仕事の値付けは自分でしますが、会社勤めの人で、自分自身で給与を決め、申告したことがある人はかなり少ないのではないでしょうか。

この制度は、ある意味自由です。現在月額25万円の給与の人が、次期は50万円にしてほしいと提案することも可能です。でも、その報酬額で提案するなら、その報酬額にふさわしい役割や仕事、貢献内容を提案し、会社に認めさせなければならないのです。説得し、納得させるのは本人の責任です。これは社員にとって、すごく大変なこと。従来の評価制度の方がよっぽど簡単で楽な制度だと思います。

金額の差なんてロジックでは説明できない

どんな制度でも、給与30万円と32万円の仕事の違い、貢献の違いを明確なロジックで説明することは不可能です。制度的には等級や号棒などが用意され、勤続年数や年齢、職能や成果貢献度など、細かいパラメーターを設定すると、自動的に給与額が算出されるシステムもあります。でも、なぜ個々のパラメーターが、この額の違いにつながるのか、この仕事とこの仕事の価値はどこが違うのかなど、詳細をきちんと説明することは不可能です。

そもそも「値付け」という領域は、商品にせよ、サービスにせよ、ロジックで解決できません。なぜ、この商品が１０００円で、同じような機能のこの商品が５００円なのか。それを説明することはできないし、説明しても意味がない。結局は、その価格で満足して買ってくれる人がいるかどうか、それによって商売が成り立つかどうかです。原価率がどうとか、市場平均がどうとか、多少の影響はあるにせよ、それだけで値付けの問題は解決できません。

投資のメタファーで考えた場合でもそうです。

とある事業プランの投資額を、科学的ロジックで導き出せるわけではなく、事業家と投資家が納得できるところを探っていく必要があります。もちろん、折りあいがつかない場合もあるでしょう。その場合、事業家は、自身の価値をより高く評価して買ってくれる投資家を探すという選択肢もあります。

これは給与でも同じです。自分の働きや貢献に対する値付けについて、会社側が承認するかどうか。それだけのことです。折り合いがつかなければ、価値を認めてくれる別の会社を探してもいい。

まず従業員側から提案をしますが、最終的には、従業員と会社で納得がいくところを見つけるためのコミュニケーションを行うのです。

自分の価値をどう高めるか、どう認めてもらうかに目を向けてほしい

木村石鹸でも、僕が社長に就任する以前は、会社が用意したフレームワークの中で給与額を計算して、それっぽく決めていました。でも現在は、まず、自分で自分の価値を考え、提案するところからやってもらっています。これは、めちゃくちゃ難しいことだと思います。でも、そうやって、自分の価値はどうすれば高まるのか、社員自身に考えてもらいたいのです。

給与の問題でよくあるのは、自分がいくらで、Aさんはいくらなのはおかしいんじゃないかとか、あの人の仕事であの給料は高すぎるといった不平不満。世間相場から見たら、安い、あるいは高いみたいなのもあります。

でも、人の給料の多寡《たか》を見ていても、自身が幸せになれるわけではありません。他人のことよりも、自分の価値をどうすれば高められるのか、自分の給与を上げるには、ど

んな貢献をすればいいのか、その貢献を認めてもらうには、どんな信頼や実績を築く必要があるのかというふうに、自身の価値向上や成長の方に目を向けてほしいのです。

職務記述書(ジョブディスクリプション)によって人が配置される仕組みがなんとなく好きになれない

職種の定義が明確にあり、そこでの職務要件や能力ががっちりと決まっていて、報酬額も明確な場合のわかりやすさや明瞭さも、魅力的だとは思うのですが、僕自身は、会社や組織のカタチというのは、もっと自由であってもいいのではと思っています。

一般的には、まず戦略があり、その戦略に沿った組織構造があり、その組織構造に業務や職種が紐づき、職務要件が決まる。その後、戦略から必要とされる能力や貢献内容がブレイクダウンされ、定義されていく。昨今では、同一職種同一賃金などの公平性も重要視されているので、こういう形で「職」や「要件」を定義することは、大事なことです。でも、僕としては、職種とか階層みたいな定まった箱に人を入れて、はい、この箱に入っているから「あなたいくらね」というやり方が好きではありません。

こういう仕組みや制度は、特定の人に依存しないようにして組織を機能させるのには都合のよい仕組みだと思います。社員にとっても報酬制度のわかりやすさというメリットはあります。キャリアプランも描きやすいのかもしれません。

でも、こういうものって、人間の雑味みたいなのを濾過してしまう感じがするのです。そういう「枠」とか「箱」みたいな制度に収まらないところに、人間の魅力や可能性があるのではないだろうかと。

たった一人の社員が、戦略の方向をがらりと変えてしまったり、変えることができる能力を発揮してくれたり。そんなことは日常的に起こり得ます。戦略上考えていた方向とは違うけれど、社員の気持ちや能力やらを総合すると、こっちの方向に舵《かじ》を切らないといけないな、と人の方に組織を合わせていく、戦略を合わせていくようなことも起こり得ます。

経営がそんな場当たり的なことでどうするんだ、とお叱りを受けそうですが、社員が自分の能力を活かし、それで仕事がおもしろければ、会社はそれに越したことはないし、それで利益をあげられ、持続していけるのであれば、十分じゃないかと僕は思います。経営者や戦略家が描いた絵の通りに事を運ぶ必要はない。そういうものを軽々超えて予想しなかったことが起きる。それも人間が仕事に取り組む可能性のひとつではないでしょうか。

そんなことを考えると、この制度は、とても自由度が高く、そして、社員の自律を促すものです。木村石鹸が目指している組織のカタチにはフィットしています。組織が用意した条件やルールに合わせるのではなく、自分で自分の能力をどう組織にフィットさせるかを考えていく。個々人の意思や自律の集合体として組織や事業がある。そんな方針の会社があってもいい、と僕は思うのです。

投資額決定委員会での貢献内容&報酬額の検討

社員は来期の貢献内容と給与を申告します。申告された内容は、「投資額決定委員会」という各グループのマネジャーが全員集まった場で、一斉に検討します。

投資額決定委員会と名づけているのは、この場が「結果」に基づき、「評価」をする場ではなく、「未来」に焦点を当てて、「貢献」や「期待」について考える場であることを、集まったメンバーに理解してもらう必要があるからです。そして自部門だけでなく、他部門のメンバーもすべて同じ場で検討し、投資額を決定します。社長や役員だけで決めたり、あるいは直属の上司だけで判断したりすると、偏った意思決定になってしまいかねないので、全部門のマネジャーが全員の貢献内容&報酬額について議論する場を設ける必要があるのです。

現在、木村石鹸の社員は60名弱ほど。社員一人ひとりについて皆で議論しても、まるまる2日かければ十分できます。これが100名、200名になった場合、同じことができるのかと問われると、難しそうです。何かしらやり方を考える必要が出てくるでしょう。でも、人の報酬を決めることや、その人の能力や貢献への期待を多面的に検討することは、会社の中ではプライオリティの高いことだと思います。システマティックに処理できる問題ではないし、してはいけない領域です(最近は、考課や評価をAIに任せる会社もあり、そちらのほうが公平で、客観的なんじゃないかという意見もあります)。

何より、1年に数日、社員一人ひとりについて真剣に向きあって考える、という時間は決して無駄ではない、むしろ、必要なことではないかと思っています。こういう形で社員一人ひとりにじっくり向きあい、今後の可能性について話しあうことは、マネジメント陣の意識を変えていくのにも役立つと感じています。

ちなみに、投資額決定委員会のメンバーは現状、既存の各部門のマネジャーですが、将来、入れ替えは必要だと思っています。

自己申告、実際やってみてどうだったか？

最初はどんな提案やどんな報酬額が申告されてくるのだろうと、かなりドキドキ、不安もあったのですが、蓋を開けてみると、ほとんどの社員が、本当に真剣に、この制度に向きあってくれました。貢献内容と報酬額については、大半の人が自分なりに考えて、提案してくれたことがよくわかるものでした。

考課や査定には明るいイメージがなかったのですが、この投資額決定委員会は、すごく前向きな時間です。というのも、皆が自分は次の1年でこんな貢献をすると提案してくるので、基本的に未来の話ばかりだから。評価だと「過去」の話が中心になりそうですが、投資額決定委員会は「未来」の話から、現状を考える。人は、未来の話をしている方が前向きになれるものです。

結果的には、60％ぐらいが提案通りの内容でGOとなり、30％ぐらいが貢献内容に対して報酬がちょっと高いので、貢献内容か報酬のどちらかを見直してもらう、残り10％は、貢献内容に対して報酬が低いので、もう少し上げたいといった感じの比率になっています。

提案されたものより報酬額を上げようという結果に至ったのが10％あるのも、すごくポジティブです。投資額決定委員会での議論の後に、その結果を社員にフィードバックして、必要があれば再度、貢献内容の変更や申告額の調整をしてもらい、個別に対応しています。

もちろん、全員がこの制度や仕組みに納得しているわけではありません。しかし、今までの制度よりは、納得度や理解度は高いのではないかと思っています。実際、この制度に変えてから、積極性が出てきたなぁと思うし、自分で考え、行動できる社員も増えてきている実感はあります。チームやプロジェクトでの協力も活発です。それがこの制度のおかげなのかどうなのかはわからないですが、少なからず影響はあるかなとは思っています。

社員のモチベーションの向上に会社としてできること

僕は組織づくりにおいてはモチベーションを重要視しています。モチベーションが高い社員がたくさんいると業績がいいのか、と問われると、実際はわかりません。そもそもモチベーションなんてものが本当に「ある」のかどうかも怪しい。だけど、そんなこと言い出すと大変なので、とりあえず、ここではそれらしきものが「ある」という前提で話を進めます。

社員にはできればモチベーション高く働いてもらいたい。無気力で何もやりたがらない人や、問題があるとすぐに他人や環境のせいにする人たちが多いと、それが周囲のモチベーションにも悪影響を与えます。

全員が高いモチベーションである必要はないとは思いますが、モチベーションの低い人が多かったり、そういった人が目立つような組織にはしたくないのです。

だからといって、社員のモチベーションを向上させるために会社が介入することには慎重さが必要です。特に報酬や恩賞など、外部からの「刺激」に頼るモチベーションの向上は、依存症のようになり得るため危険。これに慣れてしまうと、より強い刺激を求めるようになります。

会社として社員のモチベーション領域に対して何かできることがあるとすれば、それは次の二つだと考えています。

一つは、【モチベーションを下げてしまうようなことを極力排除する】こと。まれに「そんなことされたらモチベーションが下がる！」と会社側に主張してくる人がいますが、そういった主張は正面から取り扱いません。というのも、モチベーションを何かの交渉材料にする人のモチベーションは疑わしいと思うから。

では、モチベーションを下げないための策とはいったいどういうものか。

それは「理不尽なことはしない、させない」ということ。

というのも、自分が過去、どんなときにモチベーションを阻害されたかを思い起こしてみると「理不尽なことを強いられたとき」だということに気づいたんですね。

たとえば、前職時代にこんな仕事がありました。

お盆前にオリエンテーションがあり、お盆明けにプレゼンをする案件です（※）。スケジュールの関係で仕方なしにそうなっているということだったのですが、常識的に考えると、お盆にかからないように1～2週間前倒しするとか、なんらかの措置があるべきです。しかも、お盆期間中は先方の担当は休みに入るので、質問もできない状況。「質問はオリエン中にお願いします」ということでしたが、当然、企画内容を考えている段階で疑問や確認したいことが出てくることはあります。このスケジュールだと、疑問を解消できないままプレゼンをしないといけなくなります。

こういう仕事はすごく理不尽だと感じます。会社方針としてオリエンに参加することになっても、やる気は湧かないでしょう。

こんなケースも理不尽だと感じました。

とある会議の席でビジネスの方向性の話をしているときに、あるベテランの経営者の方から「おまえらはビジネス経験が浅いので何もわかっていない」とこちらの提案や発言内容を全否定されたのです。

「ビジネス経験が浅いので何もわかっていない」という論法に対しては、何も反論ができません。ビジネス経験が浅いのは事実だし、その浅さで「何もわかっていない」と決められたら、「そんなことはない」と証明するのは不可能です。いろいろ理由をつけて反論したとしても、すべてに「ビジネス経験が浅いからダメ」「わかっていない」と返されてしまうと、こちらは何も反論できません。

こういった決めつけによる否定は、受け手にとってはかなり理不尽です。それによりモチベーションはガクンと落ちてしまいます。

理不尽さも含めて、社会の厳しさを経験することも多少は必要なのかもしれません。でも、理不尽なことが頻繁に起きたり、積み重なったりすると、どこかのタイミングで、もうどうでもいいやと一気にやる気を失ってしまうということはあると思います。

そうならないために、会社として「理不尽」の排除に取り組むべきです。理不尽な要求や仕事を請け負わなくてもすむような強いビジネスをつくっていく必要があると考えています。

もう一つは【個々人が「自己決定感」をもち、「自分事化」できるような環境をつくること。

自分で何かを決めている・判断しているという感覚をもてるかどうか。つまり、仕事へのオーナーシップ感をもてるかどうかが、モチベーションの高低を左右するのではないかと思うのです。

「自己決定感」は、命令や指示でもてるものではありません。上司が部下に「おまえ、自己決定感もてよ」と命令しても、言われれば言われるほど、自己決定感から遠ざかっていきます。ルールや制度でどうにかなるようなものではなく、どちらかというと、組織文化や社員同士の関係性みたいなものからしか生まれ得ません。「自分事化」も同様です。

これらを「自由」という言葉と同義にして、「何でも自分の好きなようにできるのはいいね」などと言われることもありますが、「自己決定感」や「自分事化」は、自由とは違います。「自由」が何かを定義しだすと長くなるので深入りしませんが、「自己決定感」や「自分事化」には、むしろ「不自由さ」が前提としてある、と僕は思っています。

何をするにも自分の思い通りにはなかなかいかない。他の人もなかなか理解してくれない。そんな不自由さは前提としてありながらも、その状況の中で、いかに自身の行為や発言に納得感や理由を付与できるか、自分が選択したことへの覚悟をもてるか、ポジティブな未来をイメージできるか。

「自己決定感」や「自分事化」という言葉には、そういう不自由さとの向きあい方や、乗り越えようという意思が備わっています。

ではどうやって、「自己決定感」をもち、「自分事化」できる環境や文化をつくるのかについてですが、これは私も試行錯誤しているところです。

当然、何かしらの指示命令は仕事にはつきものです。ただし、必ずその指示命令の中に、自分で考えなければいけない領域が残されているべきだと思います。すべてがマニュアルに記載されていて、自分が考える領域がほぼないという状況では「自己決定感」はもてないし、仕事を「自分事化」するのは難しい。意思決定の粒度や範囲の問題はあるにせよ、どんな立場の人にも、自分で考えて決めるという領域を用意することは可能だと思うし、経営として用意しなければならないことだと考えています。

僕らが「自己申告型給与制度」という、ちょっと変わった制度を導入したのも、別に奇を衒《てら》ったわけではありません。この制度は個々人に自律を求めます。他人がどう、会社がどうではなく、自分はどうするのか、どう考えるのかをまず問われる。自分で自分の仕事やその価値を考え、そこにコミットする。仕事だからあたりまえだと言われそうですが、自分でそれを考えないといけないという過酷さは、この制度ならではだろうし、実際この制度に変えてから、社員の積極性や主体性はものすごく上がったと思います。

※仕事の発注先を決めるために、複数の事業者に声をかけて、一定の課題を出して競わせることをコンペティション(略して「コンペ」)という。このコンペのための事前説明会を「オリエンテーション」(略して「オリエン」)という。オリエンテーションを経て、各社が提案内容を考え、発表する。この発表を「プレゼンテーション」(略して「プレゼン」)という。

居心地のいい組織づくりには、メタ視点が必須

コップに入っている半分の水を「半分しか」入っていないと思うか、「半分も」入っていると思うのか。このとらえ方の違いは、ビジネスのシーンでも多々見かけます。たとえば、何かのトラブルに巻き込まれて自分だけでは対処できない、自分たちのチームだけではカバーできない状況に陥ったとき。当然、社内に協力を呼びかけるわけです。「忙しいところ申し訳ないですが、緊急事態です。助けていただけないでしょうか？」と。その呼びかけで、社員100人のうち数人が自分の仕事そっちのけで助けに来てくれたとします。このとき助けてもらった当人は、その数人にすごく感謝すると思うんですね。「皆、忙しいし、自分の仕事あるのに助けに来てくれた」と。ところが、このシーンをはたから見ていた人が「100人も社員がいるのに数人しか手伝いに来ない」「この会社はチームワークがよくない」なんて不満を口にしたりするわけです。「助けに来る人は毎度同じの面子《メンツ》。他の90人は非協力的だ！」とかね。

一方でまた別の人は、その助けに来てくれた数人にこんなことを言うんです。「君

たちは自分の仕事もできてないのに、何をしているんだ」「こっちは毎日死ぬほど忙しいのに自由でいいな。基本暇だから助けに行けるんだ」なんてね。こんな嫌味が聞こえてきたら、次に同じようなことが起きたとき、動きにくくなってしまいます。

でもね、こういう発言をする人たちも数人です。助けに行く人が少ないと嘆く人も、助けに行った人たちを暇な連中と揶揄《やゆ》する人もそんなに多くはないはず。ほとんどの人は深く考えていません。「助けに行けたらいいけど、今日は忙しいから無理だな」「何人かは助けに行けたみたいでよかったな」といった感じの人が大半だと思うんです。せいぜいそのトラブルで会社にどれぐらいの被害が出るのかが気になるぐらい。ところが、そういう無関心な人たちに、物事をネガティブにとらえて批判する人の声が届いたりすると、多少は動揺もするだろうし、そういうとらえ方に傾く人もいるだろうと思います。事象をどうとらえるかによって物事の見え方は変わります。コップの水のとらえ方の違いは、どこの組織でもいろいろな形で存在すると思うのです。

物事のネガティブな側面にばかり目が向き始めると、どんな事象もよくないものとして見えてきます。売り上げが伸びていても、他の会社の成長率に比べたら低すぎるとか。仕事が忙しいことは、ポジティブに解釈すれば、それだけの仕事があるのだからありがたい、となりますが、「忙しい」ところだけに目が向いてしまうと、こんな忙しいのはよくない、何か問題がある、と捉えてしまったり。いくらでもネガティブに考えることはできます。

もちろんネガティブにとらえることがすべて悪いわけではありません。組織なので、何でもひとつの意見や見方に支配されてしまうより、さまざまな立場からいろいろな考え方が出てくる方がポジティブだと思います。大切なのは、こういう事象や問題のとらえ方に対して、一人ひとりがメタ視点を持つこと。

コップの水が「半分もある」と考える人は、「半分しかない」と考える人もいるということをしっかり認識する。「半分しかない」と思う人は、「半分もある」ととらえることもできるということを頭の片隅に置いておく。そもそも、ポジティブかネガティブかではなく、審美で考える人もいるかもしれない。自分の考え方や物事のとらえ方は、事象のある側面しか見ていないのではないか、と意識してみるわけです。同じ事象でもいろいろな角度の見方があるというのは世の常。会社としては、違う見方の人たちが気軽に意見を交わせる環境をつくっていくことが求められるのではないかと思います。

「何も起きない」ことの背景に目を配りたい

あるイベントで、「はやぶさ」のプロジェクトマネージャーを務めた川口淳一郎さんの講演を聴きました。はやぶさは、世界で初めて小惑星から表面物質を持ち帰るという偉業を達成した小惑星探査機です。

川口さんは講演の中で、誰もやらないことをやる意義について熱く語りました。自分たちですべて考え、どこかから借りるでもなく、マネるでもなく、すべてオリジナルでゼロから考えて生み出す行為の尊さや、困難に負けず、新しいことに挑戦することの気高さに、僕は胸が熱くなりました。

川口さんがおっしゃっていた言葉はいくつも心に残っていますが、その中で、なるほどと思った見解があります。それは一流、二流、三流に対する見解。

三流は、心配していたことが起こる

二流は、予想していなかったことが起こる

一流は、何も起きない

あらためて考えてみると、評価されるのは案外、二流の人だったりします。「予想していなかった」にせよ、何かの問題に対して懸命に立ち向かい、解決すれば、「すごい」「えらい」「よくやった」となります。つまり、やったことがわかりやすいのです。一方、一流の人には何も起きないので評価されないことがある、と。確かに。

これは、どこの企業や組織でもある話です。もちろん、問題に対処して解決したことを評価するなということではありません。重要なのは、一流の人を見落としていないかどうかです。

一流の人は、すべてを事前に対処していて、何も起きない。だから周りも気づかない。二流や三流の人が手がけていたら問題になるようなことも、一流の人がやると、何も起きないので、プロジェクトが簡単だったとか、お客さんに恵まれていたといったように見えてしまうのです。でも、本当にそうでしょうか。その人がどんな準備をし、どんな対策をして、どんなふうに振る舞っていたのか、どんなところに注意を払っていたのか、そこまで見て、きちんと一流の人の「何も起きなかった仕事」について、評価するべきだと思います。

組織がマネジメントを強化するほどに、現場は機械化してしまう

どこの組織にも「プレイングマネジャー問題」はあるのではないでしょうか。マネジメントを担う人間がプレイヤーとしても優秀で、プレイヤーとしても活躍する。そうすると、本来マネジメントに使うべき時間が取れなくなるという問題です。

前職はベンチャー企業だったこともあり、創業期は社長も含めて全員がプレイヤーでした。そもそも創業期は人数も少ないし、マネジャーは必要ありませんでした。ところが、人が増え、対外的な仕事も今までのノリでは通用しないシビアさが求められるようになってくると「組織づくり」が必要になり、それまでプレイヤーとして活躍していたメンバーは、マネジメントの仕事も求められるようになっていきます。マネジャーに任命される人は、当然、その段階ではプレイヤーとして優秀な人間です。現場ではその人が抜けると大きな穴になるので、たいていの場合、その人はプレイヤーとマネジャーの二足の草鞋《わらじ》を履くことになります。

まれに、どちらの役割もハイレベルにこなしてしまうすごい人もいますが、マネジャーとプレイヤーってなかなか両立しにくいものではないかと思います。

組織においてマネジャーに求められる業務というのは、多種多様です。

現場の仕組みづくりもそのうちの一つ。自分がいないと判断できない、動けない組織ではなく、だれがやってもある一定レベルのパフォーマンスを発揮できるようにしていくとか、スタッフが多少入れ替わっても事業やサービスの継続に支障をきたさないようにするとか。自分自身がその現場でプレイヤーとして動きながら、自分がいなくても回るような組織にしていくのは、なかなかの難しさです。

部下のモチベーション管理も求められます。仕事のやりがいを感じられない部下に、いかに火をつけるか。映画『スクール・オブ・ロック』のデューイみたいな役割を期待されたりするわけです（いや、絶対無理やろ、という感じですが……）。

部下の評価や育成もマネジャーの重要な仕事です。仕組みづくりと相まって、後進の育成をしなければなりません。部下のモチベーションを下げずに、いかに納得感のある評価とフィードバックを行うか。それに関連する目標設定もマネジャーがカバーすべき役割です。

さらにいうと、数値目標の達成もマネジャーの責任だし、チームの雰囲気づくりもマネジャー、会社全体の目指す方向に対しての戦術面の組み立てもマネジャー。

要は、現場の仕事以外の領域は、ほぼマネジャーの仕事だと、かつて僕は思い込んでいました。そのため、「マネジャーはプレイヤーとしての仕事を減らして、何よりもマネジメントに時間を使わないといけない」と、ずいぶん極端な思考に陥っていました。「マネジャーが優秀でないと組織がうまく機能しないから、マネジャーを強化しなければ！」なんて思っていたんですよね。

しかし、さまざまな場面でこういったプレイングマネジャー問題に直面するうちに、マネジャーとプレイヤーを分離して、マネジャーにマネジメントという仕事を専門的にやってもらう構造に、そもそもの問題があるのではないかと考えるようになりました。

マネジャーとプレイヤーを分けるという考え方には、マネジメント業務とプレイヤー業務は「別のもの」という前提があります。

マネジャーは、現場仕事以外のもろもろを設計し管理する、プレイヤーは現場の仕事だけに勤しむ。となると、プレイヤーはマネジャーが設計し、管理している組織の中で「動く人」となるわけですが、こういう構造になってしまうと、マネジメントを強化すればするほど、プレイヤーには「現場のことしかするな、してはいけない」と伝えていることになってしまう。

「自分事化」を目指す組織として、これは問題です。

果たして、現場の仕組みづくりは、プレイヤーにはできないのでしょうか？　プレイヤーは自身でモチベーションコントロールできない？　数値や成果の達成も、マネジャーが何かしらの指示や管理をしないと難しいのでしょうか？

今ならわかる。そんなことはありません。プレイヤー一人ひとりがちょっとずつ得意なことをカバーしあえば、マネジメントを誰か一人が全部担う必要はないのではと思うのです。本来、現場の仕組み化なんて現場の人がいちばんよくわかっているはず。旗振り役は必要ですが、その意味や意義を理解してくれたら、現場の人だけでプロジェクトを推進していくことは可能です。モチベーション管理だって各自が自分でできること。

それをセルフマネジメントなんて言葉で表現されたりもしますよね。

セルフマネジメントできる人材は、すごく優秀な人だと思っている人もいるようですが、僕はセルフマネジメントできるかどうかは、会社の制度や環境、雰囲気、文化が大きいと考えています。

先述した通り、組織がマネジメントの重要性を説き、マネジャーという存在を重宝すればするほど、現場のメンバーはセルフマネジメントから遠ざかっていきます。ですが、マネジメント業務の多くはセルフマネジメントでカバーできるし、チームのマネジメントについても、皆で協力すればいいだけの話なのです。にもかかわらず、経営側は心配ばかりして、マネジメントをちゃんとしないと、マネジメントができるマネジャーを配置しないと、と過剰に考えてしまう。大企業ならともかく、互いの個性を把握できる小さな会社であるなら、マネジメント領域も含めてチームにまるごと任せてみて、チームの中でどう役割分担していくか考えてもらう方が士気は高まっていくのではないでしょうか。

会社の課題を解決するのは誰？

社員に「自社についてどう思う？」と尋ねると、だいたい不満や問題点がだーっと返ってきます。社員は不満をたくさん持っているものです。

その社員に「じゃあ、その不満に対してあなたは何ができるの？」と問いかけると、たいていの人は回答に窮します。「え？」と驚く人も多い。つまり、ほとんどの人は、会社の課題を解決するのは、「自分ではない」と思っている。自分以外の誰か、あるいは、会社が解決するもの、と思っているのですよね。

でも「会社」という実態のない記号みたいなものが、課題を解決してくれるわけではありません。社長や経営者、マネジャーがすべての課題を解決できるわけでもありません。会社の課題を解決する専門部隊や専門家がいるわけでもありません。もちろん、社長やマネジャー陣が陣頭指揮を執らないと解決できない問題もたくさんあります。でも、実際、会社の課題を解決していくのは、現場にいる人たちですし、直接解決する立場・役割でなくとも、現場にいる一人ひとりが解決に向けて、協力できることは何かしらあります。

アドラー心理学がもとになっている書籍『幸せになる勇気　自己啓発の源流「アドラー」の教えⅡ』（ダイヤモンド社）の中で、著者の岸見一郎氏がカウンセリングの場面で使う三角柱の話が出てきます。

三角柱の各側面には、「悪いあの人」「かわいそうなわたし」「これからどうするか」と書かれてある。

カウンセリングを受けに来るたいていの人は、「悪いあの人」か「かわいそうなわたし」のどちらかの話をするそうです。そこで、患者にこの三角柱を渡し、自分が話をする前にどの話をするのか、話をする内容をこちらに向けてから話すようにお願いする。すると多くの人が、「これからどうするか」を選んで、その中身を考え始めるというのです。

このエピソードを読んだとき、社員に会社の問題を聞いたときの状況に似ているなぁと思いました。

社員が挙げる不満や課題は「悪いあの人（会社）」か「かわいそうなわたし」のいずれかが多い。本人たちは「悪いあの人」「かわいそうなわたし」ばかり話していることに無自覚です。

三角柱を使って、相談者本人に選ばせるのは、問題はそこにはない、ということを本人に自覚させる作業です。いくら「悪いあの人」「かわいそうなわたし」の話をしても、問題は解決しません。

社員自らが「これからどうするか」を選び、その内容について考えられる、語れるようになるかどうか。問題を解決していくには、そんな社員が増えることが重要です。

いかに得点圏にランナーを進めるか

ビジネスは、さまざまな活動の積み重ねで成り立っています。最終的には売り上げを上げる、利益を生む、という「成果」につなげるのがビジネスですが、すべての活動が「成果」に直接つながっているわけではありません。むしろ、直接成果につながらない活動の方が多い。でも、成果につなげるための「貢献」は全員ができるし、しないといけない。

野球でたとえるなら、いかに得点圏にランナーを進めるか。

ビジネスの現場では「得点圏」がわかりやすく示されているわけではないし、そもそも「得点」って何だよ?というツッコミもありそうですが、なぜメタファーで考えるのかといえば、ビジネスにも得点につなげるための「犠打」や「進塁打」のような仕事や役割があると思っているからです。

僕が、成果主義に疑問をもつのは、「得点＝成果」だけで切り取ると、犠打や進塁打がすっぽり抜け落ちてしまうのではないか、という点です。ビジネスの犠打や進塁打は、野球のようにわかりやすく可視化されていないし、因果関係も明確ではありません。でも、ヒットやホームランを打って、打点をあげた人だけを評価して、犠打や進塁打、四球で塁に出た人を評価しないのはおかしいと思うんですね。得点しか評価しないとなると、極端に言えば、全員ホームラン狙いになってしまいます。

だから僕はビジネスにおいては、いかに皆で「得点圏にランナーを進めるためのあれこれができるか」を意識しています。

対外的には、「得点圏にランナーを進める活動」より、「チャンスを増やす活動」と言った方が伝わりやすいとは思うのですが、犠打や進塁打のようにマイナス（野球でいえば、1アウト）を覚悟してでもやらないといけないこともあるので、あえて「得点圏にランナーを進める活動」というメタファーで考えています。

もちろん、得点圏にランナーがいても、得点できないことはいくらでもあります。でも、ヒットが出たときに得点できる可能性を高めておくことが重要なのではないかと思うのです。

たとえば、僕自身のＳＮＳでの発信は、そのひとつ。

２０２０年の年明けからのコロナ禍で、木村石鹸の経営は大きなダメージを受けました。なにせ２０１９年12月まで売り上げの20％を占めていた中国市場での展開が、２０２０年1月〜4月はゼロになったのですから。ちなみに２０２０年の中国向けの売り上げは対前年比80％減です。

そんな中、あまりやれることもなかったので、ひたすらｎｏｔｅを書いたり、Ｔｗｉｔｔｅｒ（現Ｘ）に投稿したりしていました。昔、書いたブログを再編集してｎｏｔｅに移行することも含めると、週に2〜3本の記事を上げていたでしょうか。

ビジネスが大変なときに社長が何をやっているんだ、と思われたかもしれません。一応、銀行から緊急融資を受けて、キャッシュ面の手当でできることはやったので、その他、自分ができることは、こういった活動ぐらいだなと思っていたわけです。

おかげさまで、このｎｏｔｅの記事をきっかけに、大きなビジネスイベントに招待いただき、多くの人に会社のことや商品のことを知ってもらえました。Ｔｗｉｔｔｅｒでは、インフルエンサーさんとつながることができ、発売したばかりの自社商品を取り上げてもらえました。

その結果、自社ブランドの売り上げが大きく伸びて、中国向けの落ち込み分をリカバリーできました。

ヒットやホームランを狙う役割の人は、組織には当然必要ですが、得点確率を上げるためにできることもたくさんあります。

社員それぞれが今の局面を見て、「よし、今の自分の役割は四球だろうがなんだろうが、なんとしても塁に出ることだな」とか、「最悪でもランナーを進塁させて次につなげるぞ」とか、そんな気持ちをもって仕事に取り組めたら、その会社は、この先のゲームにも勝っていけるのではないかな、とそんな妄想を巡らせています。

エレベーターピッチでは説明しきれないもの

エレベーターピッチという言葉があります。

投資家から投資を受けるためには、偉いさんがいる高層階までのエレベーターのわずかな時間でビジネスの魅力や優位性を伝えられなければならないといった意味だったように思います。要するに、自社の魅力は簡潔に伝えられ、伝わるものでなければならない、という考えです。

僕はピッチイベントには出ないと決めています。ピッチイベントとは、数分〜30分の短い時間で自社をアピールして優劣を競うような場です。投資を受けることを目的としたものもあれば、協業先を探すもの、単純に自社のことを広く知ってもらうことが目的のものまで、さまざまなピッチイベントが開催されています。

このピッチイベント自体が悪いとは思いません。むしろ、そのような場で自社の魅力をきちんと伝えられることはすごいことだなと思うし、純粋にカッコいいなとうらやましかったりもします。

ただ、木村石鹸という会社のキャラクターを考えると、ピッチには向いていないと思っています。「ピッチ受け」する要素をうまく組み立てて構成することはできなくはない。でも、それで伝えられるものは、本来の木村石鹸の強みや特徴と違うのではないかと思うのです。

僕は、木村石鹸の魅力や優位性は簡単に説明できないところにあると思っています。簡単に言葉にできない、説明できないからこそ「強い」「競合優位」なのではないかと。

強いて言うなら、木村石鹸の強みは「人」です。「人がすごい」のです。一人ひとりの能力や経歴がすごいという意味ではなく、チームで働いているときに、すばらしいパフォーマンスを発揮する、という意味でのすごさです。

言葉にすると陳腐で、訴えかけてくるものがありません。再現性も低そう。ピッチで「人がすごい」なんて語ったら、一笑に付されるだけかもしれません。でも、「人がすごい」としか言いようがないところがあるのです。

たとえば、サウスウエスト航空の場合。

旅客機の統一、不要な機内サービスの廃止、短距離輸送へのフォーカス、飛行機の陸上待機時間の短縮などを通じて徹底的な効率化を図っていますが、こうした「事業モデル」で格安運賃を実現することが、この企業の「強み」ではないように思います。もちろん事業モデルは重要ですが、それは他の航空会社でもやろうと思えばできます。実際、サウスウエスト航空が中距離格安航空として成功を収めたのを見て、大手各社も同じモデルで参入してきました。でも、ほとんどうまくいかなかった。どうしてなのか？

それは、サウスウエスト航空の強みが、従業員の会社への忠誠心の高さや、仕事に対する熱意といった漠然としたものにあるからです。そういう曖昧なものをベースとして、個々の業務が（アメリカ合衆国の経営学者、マイケル・ポーター先生の言い方を借りると）「フィットしている」。そこに強みがある。

人ってよくわからないから魅力的だと思うんです。機械なら設計された性能がきちんとあって、通常はそのパフォーマンスを正確に発揮してくれます。でも、人にはムラがあります。しかも、他人や環境に影響を受けてパフォーマンスが変わったりもします。うまく機能していたチームに「困ったちゃん」が一人加わるだけで、チームが機能しなくなったり、その逆もしかりで、たった一人が増えたり減ったりすることでチームとしてのパフォーマンスが急激に上がることもあります。不確実性が高い。

いわゆる「ジョブ型組織」といわれるような組織形態は、こういうブレを極力なくすために「ジョブ」という枠組みをつくり、そこに人を当てはめていくマネジメントスタイルです。

木村石鹸の場合は「ジョブ型」でもないし、その対極の「メンバーシップ型」でもありません。各人の役割は状況によって変わるのです。各人が勝手に考え、いろいろやる「自由型」。

営業担当が、自社商品の開発ディレクションをやるし、広報担当は1名いるものの、その人の他にも、広報的な役回りをしている人は3〜4人います。三重の新工場では「工場長」という役職はなく、「全員が工場長」という、かなり面倒くさいことになっています。6年前から組織図もなくしました。

こういう説明をすると、そんな適当で大丈夫なのか、無駄が多すぎるのではないか、組織として機能しないのではないか、と心配されることが多いのですが、もちろん問題もあります。が、その問題を補って余りあるぐらいに、社員は積極的にいろいろなことに取り組んでくれています。自分がしたいことしかしない、みたいな人もいません。

何がそういう状況をつくり出すのかを問われても、僕にもよくわかりません。この状況は社員が増えていっても成立するのか、組織が今より何倍も大きくなっても成立するのか、そんなことも正直よくわからない。よくわからないので考えない。

これは、やっぱりピッチには向かないでしょう。でも、うちは人がすごい。これだけは自信をもって言えることです。

本社の日常。製造担当は作業後、自身の作業着を洗濯してから帰路につく。

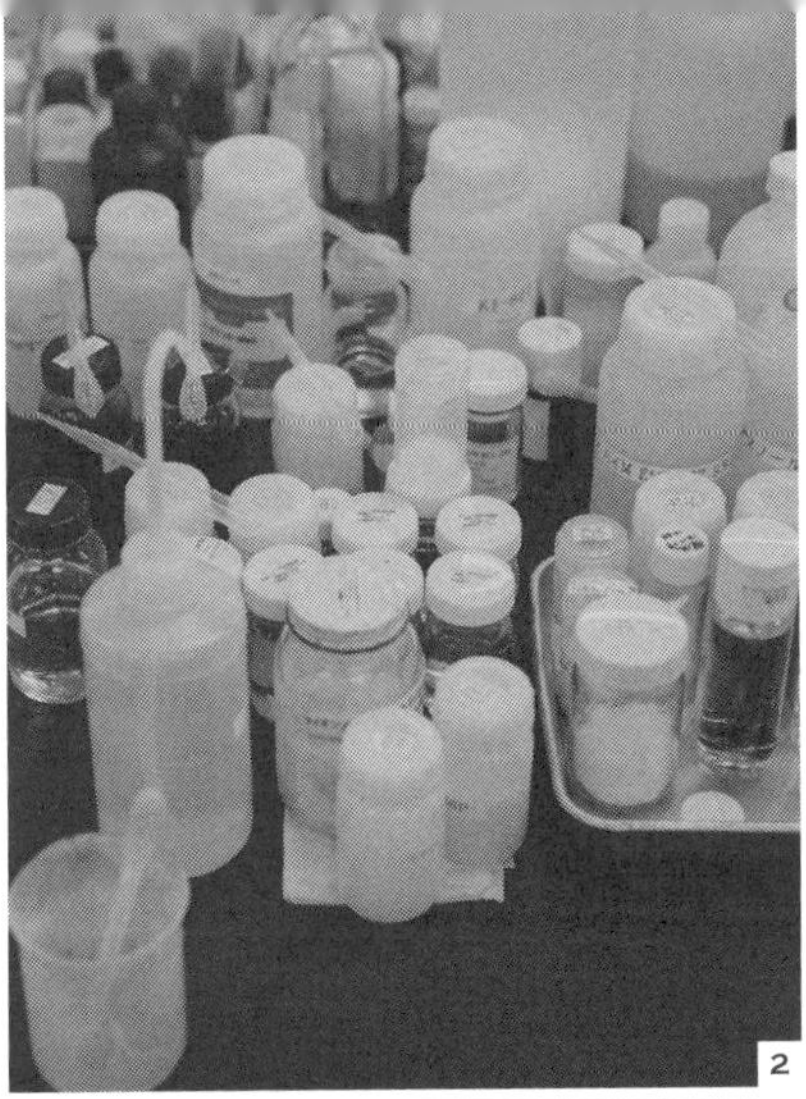

2　1

4　3

1,2_開発部では、「こんなものがあったらいいな」を常時、研究中。　**3**_約5年の歳月をかけて開発した「12／JU-NI」シリーズ(p.146)は、現在の主力製品。　**4**_社内ではやっている遊び(絵しりとり)の説明を受ける僕。立場に関係なく、ざっくばらんに話せる環境に心地よさを感じています。

三重県伊賀市の工場「IGA STUDIO PROJECT」の様子。単にモノを効率よく生産する工場ではなく、新しくユニークなものを生み出していきたい。そんな思いから「STUDIO」と名づけました。　**1,2,4_**製造の様子。専用の機械があるわけではないので、いくつかの機械を組み合わせて使用しています。　**3_**工場内は見学可能。何を行っているのかがひと目でわかるような工夫をしています。

2

1

4

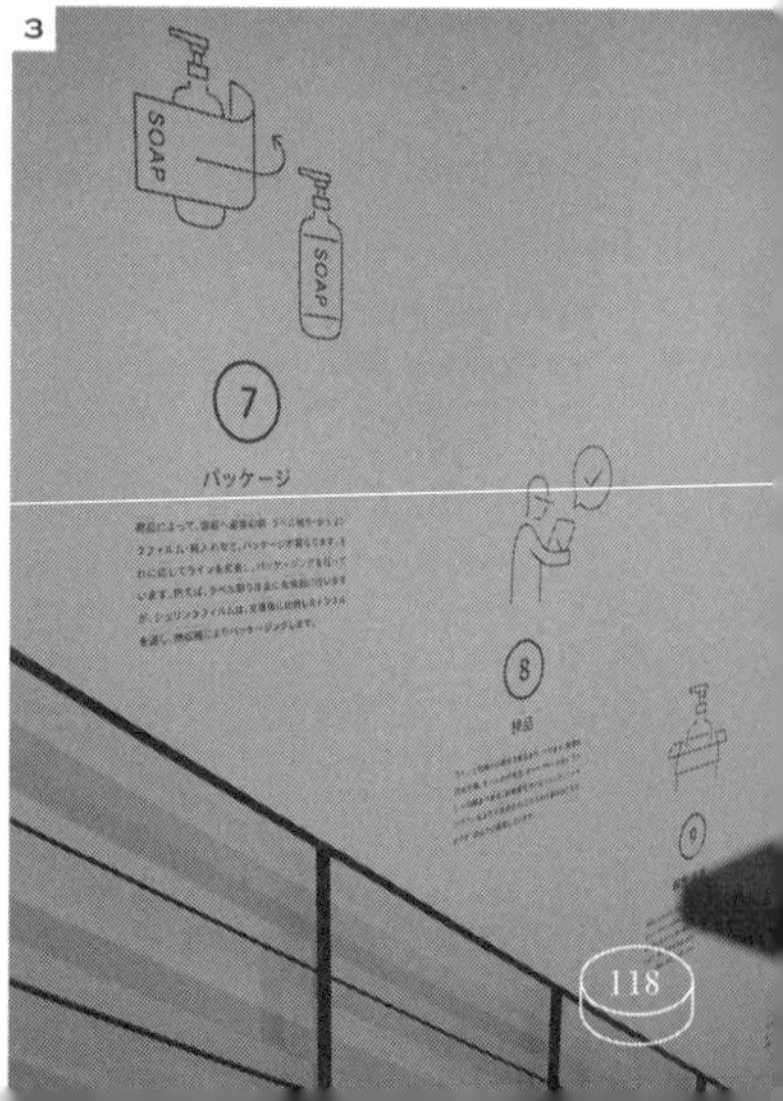

3

ECT

Part 2

ちいさな会社でおおらかに、正直に

できるようになるのを待っていたら、いつまでたっても始まらない

前職時代はやったことがないことばかり、やらないといけない状況でした。

創業メンバーの誰一人、社員として会社で働いた経験がなかったので、仕事の進め方はおろか、基本的なことについても何も知りませんでした。初めてお仕事をいただいたときに発注元の会社から「請求書ください」と言われて、そのとき初めて請求書の必要性を知ったほど。そのくらい社会人経験がなくても知っていてあたりまえ、一般常識だろうと思われるかもしれません。もちろん、請求書の存在自体は知っていました。でも、どうやってつくるのか、つくる際に何か決まり事やフォーマットがあるのかがわからなかったのです。

それくらいビジネスや商売について無知でした。

当時は検索エンジンを運営していましたが、そもそもバナーのレギュレーションなんてものはなく、広告枠を一つ設けるにしても、仕組みから自分たちでつくらねばな

りませんでした。

ウェブサイトの制作についても、世の中にはまだ「サイト構築」という仕事が存在しなかったので、雑誌づくりや建築など、サイト構築と同じような「プロジェクト型」の仕事の進め方を勉強して、少しずつプロセスを整えていきました。同時期に、ホームページ製作を手掛ける会社がたくさん出現し、少しずつＷｅｂを介した情報を手に入れられるようになりましたが、最初は本当に何もわからない中、手探りでサービスをつくり上げないといけない状況だったのです。

契約書が欲しいと言われたら、とりあえず契約書のつくり方を学べそうな本を買ってきて、見よう見まねでつくりました。今ならネットで検索すればいろいろなサンプルが手に入るでしょうし、自分でつくるのもそこまで苦労はないとは思いますが、当時はそんな便利なものはなく、また外部の専門家にお願いできるような余裕もなく、自分たちで用意するしかありませんでした。

サイト運営に関するマニュアル作成の仕事をいただいたときは、その足で本屋に直行してＷｏｒｄのハウトゥ本を何冊も買って、それを読んで使い方を一通り覚えるところから始めました。マニュアルの執筆はなんとかなりそうでしたが、Ｗｏｒｄをちゃんとマスターしておかないと、そちらに時間が取られそうな気がしたからです。

何もかも素人だったので、何もかも勉強しながら取り組まざるを得ませんでした。だけど、20代でのこういう経験はその後の自信になりました。かなりのことは、やろうと思えばできるし、勉強しながらでもやれなくはない、という自信です。

会社で何か新しい取り組みをするときに「経験者がいない」「誰もやったことがない」ということが「できない理由」「難しい理由」としてあげられることがありますが、僕としては「そんなのあたりまえやん」と思うのです。資格が必要とか、免許が必要とか、実際問題として難しい仕事があるのは事実。でも、そうじゃない仕事はなんとでもなるし、できる力を養う方に力を注ぐべき。

僕自身のこういう経験・考えから、木村石鹸では、新人にいきなり「商品つくって」とか「移動販売車つくって」みたいな無茶振りをすることがあります。若い人にあえて試練を与えてやろうと思っているわけではありません。たいていのことは「やろう」と思えばできる。そして、何もわからないところから何かを始めて、やり遂げることができたら、それがその人の自信につながることを知っているからこそのお願いです。

あまりにもわからなさすぎて、何がわからないかもわからないのはさすがにキツイという声もあります。でも、僕としてはそういうつらさも味わいながら、何かをやり遂げるという経験を積んだ方がよいのではないかと思っています。なぜなら、どう進めたらいいかわからない、何から手をつけたらいいかわからないなんて状況は、むしろすごくありがたいことだから。そんなところから仕事を組み立てていくなんて、滅多に経験できることではありません。

2023年にある大きなコンペがあったのですが、それを新卒で4月に入社したばかりの社員に任せることにしました。提案書づくりからピッチまで、いわば丸投げです。かなり注目されていたコンペのため、参加していた他十数社のほとんどは社長がピッチしていました。そんな中、木村石鹸は数カ月前に入社したばかりの新卒がその重責を担ったのです。

あたりまえですが、当人にとってはやったことがないことばかり。プレッシャーも相当なものだったようで、何度も泣いたそうです。しかし、ピッチは大成功。審査員からも絶賛され、彼女はその仕事を完璧にやり遂げました。

経験もない、何もわからない新卒にそんなことを任せて、かわいそうじゃないか。そう思われても仕方ありません。でも僕は、この手のことは「やらないとできるようにならない」類のものだと思っています。スキルを磨いて、一定の経験を積んだらできるようになるかというと、そういうものでもないと思うのです。

やらないとできるようにならない仕事は、できるかぎり若いうちにしたほうがいい。年を重ねると、失敗するのがどんどん難しくなっていくから。若いうちなら、失敗しても若さを言い訳にすることができます。うまくいけば大きな自信につながるし、失敗しても、その経験はその後のキャリアには必ず役に立ちます。

木村石鹸では、若い人でもバッターボックスに立つことができる。いや、立たされます。未経験でも、若くても、まずバッターボックスに立ってもらう。空振りしてもかまわない。とにかくバットを振ってほしいのです。

入社早々の新入社員がつくり上げた移動販売車「グットラック」は中に商品を陳列することができる仕様。イベント時に活躍しています。

新卒採用を始めた理由

２０２２年４月入社予定の新卒者３名の懇親会を開いたときのことです。催しを企画し、進行してくれたのは、その４年前に入社した新卒メンバーでした。こういう企画を自分たちで用意して開催してくれたことが本当にうれしかった。新卒採用を続けてよかったと思った瞬間でした。

あらためて、なぜ新卒採用を始めたか、それを続けているのかについて説明しようと思います。

新卒採用は、一定期間継続的に行おうと覚悟を決めてスタートしました。人を増やすのは、それだけでリスクの高いことです。僕らみたいな中小零細企業は、できる限り人を増やさずに、効率をよくして利益を上げていくことを目指すべきでしょう。なのに、なぜ、毎年新卒を採用するのか？

一般的な採用の目的は、「人手不足」か「欠員補充」といったところでしょうが、木村石鹸の新卒採用においては違います。木村石鹸では、今の事業や組織体を前提として、それを発展させる、あるいは、それを維持するための採用は行っていません。片や、今すぐに必要じゃないかもしれないけれど、その人が入ることで、何か大きな変化が起きるかも、何か新しいことが生まれるかもといった「期待感」を込めた採用もあります。言ってみれば「投資」です。木村石鹸の新卒採用はこちらです。

この採用は、今組織にいる人からすると、人も足りているし、何かやってもらいたいことがあるわけでもないし、人が余るだけじゃないかと、思われるかもしれません。既存組織にとって、その人は、いったい何ができるのかが「よくわからない人」だから。

その「よくわからない人」の最たるものが、新卒です。まだ、何者でもなく、他の企業での経験や実績がないから未知数で、本当によくわからない存在。

でも、まっさらな状態だからこそ、僕はむしろ可能性があるんじゃないかとも思っています。既存組織のメンバーにとっても、バリバリの経験者の「よくわからない人」を採用するよりは、新卒の「よくわからない人」の方が対応しやすいのではないかと思うのです。

企業の効率化とか合理化からすると、新卒採用は正反対の性質を持っているように思えます。短期的には、即戦力ではないし、育成コストもかかる。じゃあ中長期的に見て、その人が能力を発揮してくれるかというと、それもわからない。途中で辞めてしまうこともあるでしょう。

つまり、効率という観点から見ると、新卒なんて採るべきではないわけです。効率を図るなら、中途「即戦力」を採用しようよ、という話です。でも、そういう採用から「よくわからない何か」が起きることは、ほとんどないと思います。基本的には、必要としている能力を調達してくるわけなので、予想の範囲を超えません。

でも、新卒は「よくわからない」わけです。僕はその「よくわからない」ところにも、会社としては張っておかないといけないと思っています。これが新卒をしばらく継続採用しようと決めたいちばん大きな理由です。

会社をよくしたり、事業を発展させたり、飛躍させたり、そういうことはすべて、人の力によるものです。計画とか戦略も大事ですが、最後はすべて人です。人の可能性には、いろいろな側面で会社としても賭けておきたいのです。

あと、「よくわからない人」が加わることで、元々いる人たちが刺激や影響を受け、その結果、組織が変化する、ということも想定に入れています。実際、こういうケースは大いにありますよね。

たとえば、新卒者への教育。人は自分以外の誰かにものを教えるときに、最も学習効果が高まるといわれています。本を読んだりするときも、人にその内容を伝えることを考えながら読むと理解力が深まるわけですが、新卒の加入で、否応なく、いろいろな部門で「教える」場面が増え、それが組織の学習力を高めることにもつながるのかなと思ったり。現に、新卒が入るようになってから、徐々にその辺の意識が高まってきているように感じています。

2024年で7年。新卒で入ったメンバーが、本当に活躍してくれています。会社の文化や雰囲気みたいなものも若返りつつあるし、採用力も、新卒メンバーによってかなり引き上げられました。今のところ、新卒採用を続けてよかったなと感じています。

無駄があってもいい

前職の仲間であったKが木村石鹸に入社して２週間。彼がこんなシーンに遭遇したそうです。

営業車のプリウスを洗車している営業Aの姿を見かけて、彼は声をかけました。

K「なにしてるんですか？」

A「汚くなっているので洗車を」

K「誰かから指示されて？」

A「いや、自分がよく使うので自主的に」

そんなやりとりがあって、Kは「ほー、自主的に営業車の洗車も自分たちでやっているんだ、すごいなぁ」と思ったそうです。

翌日、今度は別の営業Bが、昨日Aが洗車していたのと同じプリウスを洗車していました。

K「あれ、プリウスは昨日、Aさんが洗車してましたよ」
B「え、まじで？」
Bは、Aが洗車したばかりと知らず「GWの連休前だし」という気持ちもあって、洗車していたそう。
この一件を聞いて、「昨日洗車したばかりの車なんだから、見たらキレイだってわかるんじゃないか」と思う人もいるでしょう。しかしこのプリウス、走行距離は20万キロを超えていて、車体もかなり年季が入っている。洗車したばかりでも、くたびれた感じは抜けないのです。

同じ車を2人の営業が2日連続で洗車する。これは無駄なことでしょうか？
Bがやったことは意味のない無駄な行為なのでしょうか？　Aは洗車したことを他のスタッフと共有しておくべきだったのでしょうか？　こんなことが起きないように、洗車についての担当やルールを社内で決めておくべきだったのでしょうか？

僕はこういう「無駄」は許容すべきだと思っています。

もし無駄をなくすべきと、情報共有のルールや洗車についての手続きを加えたら、自主的に洗車する気持ちは損なわれてしまうかもしれません。

ルールをつくることは簡単だけど、何かルールを設けると、ルールで判断する癖がつく。そうすると例外が出てきたときに、自主的に判断できず、また新しいルールが必要になる。

たとえば、1カ月に1人、持ち回りで洗車する人を決めておき、順番に回ってくるようにしたとします。すると、このルールをつくった時点で、自主性は損なわれてしまうでしょう。やりたくないけど、ルールで決まっているので仕方ないと考えるようになるのが、人間の性《さが》。しかも、このような当番制になると、誰の担当のときは全然キレイになっていないとか、掃除ならここまですべきだとか、そういうことで揉めるかもしれない。そこでまた新しいルールをつくらないといけなくなる。

そもそも車の汚れ方は、使用場所や時期や頻度によって変わるので、夏場に田舎での走行が多かったら、虫の死骸などがたくさんついていて、洗車が大変とか、あるいは春は黄砂がすごいので下処理が大変とか、そういうしょーもないことで揉めるかもしれない。

ルールはうまくつくれば機能します。でもそこに頭を使うなら、僕はある程度の無駄は許容しつつ、むしろ、自主性を評価したいです。

2人の営業が自主的に洗車する、そういう気持ちや行動がスタッフから出てくることが会社の強みの一つなんじゃないかと。この自主性は、別のところできっと会社の利益に貢献しているはずだと。そんなふうに思いたいのです。

ちなみに、この場面に遭遇したKは「2人とも自主的に洗車するなんて」なんてよい会社だ」と思ったそうです。

その金は、わしが払うんやないんやで

「その金は、わしが払うんやないんやで」

前職時代、ある会社の社長に言われた言葉が今も頭にこびりついています。その会社は、とある分野の卸を営んでいましたが、直営店舗での直販に乗り出した後、さらにインターネットで直販を強化していく方に舵《かじ》を切りました。

僕らがその会社のECサイトのお手伝いを始めたのは1997年ぐらいのことです。すでにECサイトは運営されていましたが、お世辞にもよいものではなく、膨大な商品があるのに検索機能、ナビゲーション機能は貧弱で、動線はトップページからしか考えられていませんでした。インターフェイスも決して使いやすいとは言えず、特にカート機能は途中離脱が続出するレベルでした。

それでも当時、そのECサイトは月商で300万～500万円の売り上げがありました。社長としては、早期にこれをもう一段階上の水準に、最低でも月商で1千万円、できれば3千万円ぐらいに持っていきたいという野望がありました。しかし、今のサ

イトではオペレーションも含めてすでに限界に達していて、そこをなんとかしてほしいといったご相談でした。

それに対して僕たちは、今のサイトに手を入れて改善しても付け焼き刃にすぎないと考え、根本からのフルリニューアルを提案しました。単にサイトをリニューアルするのではなく、オペレーションも含めて刷新すべく、基幹システムとの連携や受注・出荷業務の効率化など、幅広い内容を提案に盛り込みました。見積もり額は当然、かなりの額になりました。

その見積もりを見て、社長が言ったのが冒頭の言葉です。

「木村はん。この費用な。このお金は、わしが払うんやないんやで。うちのサイトを利用するお客さんが増えて、そのお客さんが払ってくれるんやで。うちらは立て替えとくだけなんやで。そこ、よー覚えといてや」

社長が言いたかったのは、これだけのお金をかけてリニューアルするのだから、お客さんが増えて、売り上げが増えないといけない、ということです。あたりまえといえばそうですが、ストレートな発言にかなり衝撃を受けました。

ソリューションの仕事なら、究極的には顧客が儲かるようにしないといけない。実際の契約形態はさまざまですが、本質としては「作業」の対価ではなく、「成果」の対価としてお金をいただく。それがソリューションなのですよね。

ビジネスを始めたばかりの頃に、この社長に言われた一言は、その後、自分の仕事をしていくうえでのベースになっています。

そして木村石鹸に戻ってきてからも、この精神は忘れていません。

うちの商品を取り扱ってもらうには、取り扱い続けてもらうためには、商品が売れて、お店が儲からないといけない。

僕らはお店や問屋に商品を売ったら終わりではなく、人の足がそのお店に向き、僕らの商品を購入してもらえるように促していかなければならない。そんなふうに考えています。ですから、自社商品を取り扱ってくれるお店には、できるかぎりの販売協力をしたいと思っています。

クリエイティブは多数決で決めない

以前、何げなしにSNSで呟いた、こちらの文章。

――うちでは、クリエイティブについて多くの人の意見を聞くのは構わないが、多数決で決めるな、と言ってる。何がよくて何が悪いか判断できないって人は担当にならない方がいいと思うし、判断するためのセンスは養って磨くしかない。あとは覚悟の問題。多数決はある種、覚悟の回避だと思う。

これが意外にも反響があったので、この辺について思うことをもう少し掘り下げて書いてみようと思います。

先に補足しておくと、「多数決はダメ」なんて言うと、じゃあABテスト（※）はどうなのかという声が上がったりします。最近はバナー広告やウェブページのABテストはあたりまえ。このテストの反応によって、できる限り効果の高い、レスポンスのよいクリエイティブ案だけに絞っていくのはすごく合理的だし、その手法が悪いとは全然思いません。

ただ、ＡＢテストにかけるクリエイティブの範囲内でしか「多数決」は実施できないわけです。そして、ＡＢテストで測定できる、数値化できるものしか最適化できません。ＡＢテストにかける前に、あるいはＡＢテストではそもそも測ることができないものに、クリエイティブの良しあしを決めないといけない領域はあるんじゃないかと思うんですね。

こういうポリシーを持つようになったのは前職時代の経験が影響しています。クライアントワークで大手企業のウェブ制作のディレクションを5、6年やっていたときのこと。クライアント側の担当者には決定権がなく、結局、部内のいろいろな人や上司、あるいは役員レベルまで合意を取らないと進まない、というケースに何度か遭遇しました。

当然ながら、確認する人が増えるほどさまざまな意見や指摘が入るもの。担当者はそれをそのまま告げるだけ。しかも、そのクリエイティブの目的には関係なく、単に会社内の序列で位の高い人の声を優先的に反映しようとしたりする。

一つひとつの声を拾うことは大事ですが、そうやって、いろいろな人の声を盛り込んだものって、そのクリエイティブが目指していた役割や目的にはどう考えてもそぐわない、凡庸なものになってしまったりするわけです（そういういろいろな人の声を盛り込んで、それでもすごいものを成立させるのが本当の「クリエイティブ」だろう、と言われてしまえば、何も反論できないのですが）。

そんな苦い経験もしてきたので、自分が発注側、依頼側に立つときには、皆の声を集めてそれを全部反映して……という依頼の仕方だけは絶対にするまいと思っていました。

木村石鹸で、クリエイターとの仕事が本格的にスタートしたのは、自社ブランド事業を始めてからです。最初は僕が担当者&責任者なので、クリエイティブについても僕が決めればよかったわけです。

しかし、徐々に自分から業務を手離していく中で、担当者とクリエイターとのやりとりで気になるところが見えてきました。

クリエイターからプランが上がってくる。担当者はそのプランを部内のメンバーに見てもらい、意見を求める。もちろん、意見を聞くことが悪いわけではありません。問題は、そこで上がった意見をそのままクリエイターさんに返してしまっていたこと。すべての意見を反映させる必要はないとしたうえで、「社内にはこういう意見もあるので、この点を中心に再度プランを練り直してもらえないか」というオーダーであれば、ありかなと思ったんですけどね。また、いくつかの案の中から社内投票の多数決で決めようとしていたことにも疑問が湧きました。

このシーンに遭遇して、ふと気づいたことがあります。それは、クリエイティブって「これでよい」と決断を下すのが、すごく難しいことなんだな、ということ。どこまでいっても「もっとよい方法はあり得る」という可能性がずっと残り続けてしまうから、その可能性を断ち切るってすごく覚悟がいることなんですよね。

一方で、「ここがダメ、ここがイマイチ」みたいなダメ出しは簡単です。「なんか違う」でもいいわけですから。言語化できなくても違和感を表明することはたやすいわけです。

クリエイティブについて、会議とかで皆に意見を求めると、だいたいダメ指摘か、なんかもうちょっとこうしたいという抽象的な指摘ばかりになることが多い。それはそもそも「これがよい」と言うには、ある種の覚悟が必要だからでしょう。クリエイティブを多数決で決めるという姿勢は、「覚悟の回避」でしかないのです。

もちろん、本当にすばらしいクリエイティブは、これよりもっとよいクリエイティブがあるかもという期待を一切抱かせないぐらい、誰が見ても文句がつけらないような強さを持ち合わせているものかもしれません。でも、ビジネスとして予算や時間の制約の中で、クリエイティブも考えないといけない状況では、自ら「これがよい」と覚悟をもって、その他にまだよいクリエイティブがあり得るかもという可能性を断ち切っていく必要が出てくるはずです。

逆に本当にどうしようもない、ダメなクリエイティブというのもあります。そういうものは部分最適でどうこうしていくのではなく、もう根本的にダメなんだと、これまた覚悟をもって判断していかないといけないんですけどね。

僕は、その担当者に「多くの人に意見を聞くのはいいし、それを参考にするのはいいけど、皆の意見をそのままクリエイターにフィードバックして全部盛り込んでもらおうとするのはダメだし、多数決で決めるのもやめてほしい」と伝えました。

基本的に自分で決める、判断するという覚悟をもたない限り、クリエイティブを判断するセンスは磨かれません。皆の意見を聞いても、それを自分がどう消化して、どう生かし、どこまで配慮するのか、それらを全部、自分の責任として決めていくべきです。クリエイターとやりとりする担当であるなら、担当が自分の覚悟と責任をもって判断していかないといけないと思ったのです。

そのクリエイティブがよいのか悪いのかを判断する能力は、磨いていくしかありません。何度も何度も、覚悟と責任をもった判断を繰り返し、勉強していくしかないのではないでしょうか。

※広告やウェブページなどで、いくつかの要素で複数のパターンをつくり、それらをランダムにユーザーに表示して、反応を調べ、最も反応のよかった要素を採用しながら、最適化をはかっていく手法。

プロダクトもプロモーションも、正直に

自社ブランドで大事にしていることは、正直さです。

消費財は、マーケティングの主戦場。あちこちでマーケティング合戦が繰り広げられていて、大きなマーケティング予算を持つ大手企業が圧倒的に有利な市場です。そのなかで僕らが大手と同じことをやっていて勝てるわけがありません。そもそも競うつもりもなくて、他社がどうであれ、自分たちはどんなスタンスでいたいかを大事にしたい。そのうえで、「正直さ」は、僕らの現在の立ち位置を明瞭に示す言葉です。手練手管を使って商品を買わせたり、定期購入に誘導したりが横行している業界なので、真面目に正直にという、あたりまえのことをちゃんとするだけでも共感してくれる人はいます。

たとえば、僕らは商品のよい面だけにフォーカスして語るのではなく、できる限り悪いところも説明するようにしています。石鹸屋だからといって、全面的に石鹸を肯定して、何もかも石鹸は最高！というコミュニケーションはしません。

お客さんには良しあし両側面をご理解いただいたうえで、自分の意志で選んでもらいたい。よく知らないままに買ってしまったと思ってほしくないのです。

現在、木村石鹸の主力商品である「12／JU－NI」シャンプーの説明文には、「万人向けではありません。合う人と、合わない人がいます」という文言を入れています。シャンプーやコンディショナーなので「合う人、合わない人」がいるのはあたりまえなのですが、多分、ここまで明確に、堂々とこんなことを説明しているシャンプーがなかったのでしょう。シャンプーを購入してくれる人のなかには、説明をきちんとしているメーカーなので信頼できると思って買った、という声が少なからずあります。SNSでは、「木村石鹸、正直すぎないか！」というコメントもありました。

昨今の「ノンシリコーン」ブームでは、多くの消費者が「シリコーン」が何かもわからないまま、わざわざ「ノンシリコーン」なんて言葉があるぐらいだからシリコーンは悪いものなのだと思い込んでいたりします。その思い込みや誤解に乗じて、多くのメーカーが、一般消費者のウケがよいからという理由だけで「ノンシリコーン」シャンプーやコンディショナーをつくるわけです。

僕らは、シリコーンもうまく使えば髪にはとてもよい成分だし、むしろ使ったほうがよい、と考えています。だから、シリコーンとは何か、シリコーンが問題になるのはどういうところなのかといった専門的な話を説明して、自分たちは「シリコーン」は髪によい成分だと考えているので、積極的に使っていると説明しています。

消費者の思い込みや誤解に乗じておくほうが楽だし手っ取り早い。何も考えずに「ノンシリコーン」処方にしておいたほうが、「自然派っぽい」感じにも映る。でも、僕らは消費者に正直でいたい。だから、手間を惜しまずにわざわざ「シリコーン」の説明をします。

「12／JU－NI」シャンプーでは、定期購入のサービスも提供していますが、こちらも他社のサービスとはかなり違います。多くの会社では、定期購入はお客さんのメリットよりも、企業側の経営メリットを考えた仕様設計になっています。

一度加入させたら定期的にお金が支払われるので、定期購入者が増えれば増えるほど経営は安定します。新規加入のハードルをとにかく下げて加入を促す一方で、一度入会したらやめづらい仕組みにして、退会を防ぐ場合も多い。よくあるのは、加入はネットで簡単にできるのに、退会には電話が必要というもの。こういうサービス設計は、「正直」ではないと思います。

木村石鹸の定期購入サービスは、回数のしばりはなく、入会や退会に制限はありません。もちろん退会も基本はウェブ経由でできます。どちらかというと、入会の方が難しく、退会は簡単。定期購入に申し込む前に、ちゃんと商品やサービスを理解して、自分の意志で決めてもらいたいから、そのような設計にしています。商品購入中に、いつの間にか定期購入サービスに加入してしまっていた……というようなことは避けたいのです。そのため、商品の購入プロセスと、定期購入の入会プロセスを分けています。

僕らが提供する定期購入サービスは、メンバーシッププログラムのような位置づけをしていて、そんなに価格メリットがあるわけではありません。でも、定期購入サービスに入っていると、開発中の新商品のサンプルがいち早くもらえるとか、クローズドの開発者のインタビュー動画が見られるといった会員プログラムが提供されます。どうせ買うならメンバーシップで買う方がちょっと楽しいし、おもしろい。そんなふうに感じてもらえるとうれしいなと思っています。

プロモーションについても、「本当によいものができたので、皆さんに知ってもらいたくて広告しています」と謳って、広告していることを広告そのものにしています。結果的にこの広告に対する反応はかなりよかったのですが、同じ広告を他社が出したら、こんな高い反応が得られるかといえば、わかりません。木村石鹸がずっと培ってきたものや、今まで正直にやってきたことの積み重ねがあるから、こういう広告が生きるのではないか。「正直さ」をテクニックで表現しようとしても、見透かされてしまうと思うのです。

商品そのものもそうですし、その商品の見せ方、語り方、売り方も含めて、「正直さ」を真ん中に置きたい。それが、木村石鹸らしさだから。

こういった正直なコミュニケーションを心がけているからか、僕らの元には、多くのお客さんの声が届きます。「私には合いませんでした！」という声もあれば、「合うか合わないか心配だったけど、めちゃくちゃ合いました！」とか。こちらが正面から向きあったことに応えてくださるかのように、お便りが届くのです。

小さいお子さんががんばって描いてくれた絵が届いたこともあります。お母さんからの手紙によると、「12／JU－NI」シャンプーを使って髪がキレイになったのがうれしくて仕方なくて、絵でその気持ちを伝えようとしてくれたようです。もとはお母さんが使うために買ってくれていたのが、今では娘も大ファンになってしまった、と書かれていました。

最近は、90歳の女性から会社に電話がありました。「『12／JU－NI』シャンプーを使ったら、生まれて初めて自分の髪を好きになれたの」と。ずっと自分の癖の強い髪が嫌いでたまらなかった、コンプレックスだった。「12／JU－NI」を使って初めて、自分の髪に自信が持てるようになった。私はもう老先短いけれど、本当にうれしかった、というようなお言葉をいただいたそうです。その話に、電話対応したスタッフも思わず泣いてしまいました。

ちなみに「12／JU－NI」は、86歳の妹さんが薦めてくれたそうで、その姉妹間のやりとりも素敵だなと思いました。だれかの悩みとかコンプレックス解消のお役に立てるなんて、めちゃくちゃ幸せなことです。その方は、電話で1年分まとめて注文してくれました。手前味噌ですが、こんなストーリーがあるプロダクトって、やっぱりいいなぁと思います。

非効率、でも大切なこと

社名に「石鹸」がつくのに、固形石鹸をつくっていないだなんて！

創業当時は製造していた固形石鹸。戦後、二代目が木村石鹸を再開させたときも、しばらくは製造していたようです。しかし、大手が大きな設備投資をして、どんどん生産量を拡大していくと、固形石鹸は安価で手に入りやすいものになっていきました。

戦後、ドラム缶ひとつを釜代わりにして石鹸づくりを再開した木村石鹸は、お金もなく、設備投資も満足にできませんでした。そのため製造品目を絞らざるを得ず、大量生産のために、大規模な設備が必要な固形石鹸の製造からは撤退しました。

僕が木村石鹸に戻ったとき、最初に覚えた違和感は、石鹸屋なのに固形石鹸を製造していないことでした。

社名を伝えると、ほとんどの人は「石鹸=固形石鹸」をイメージします。実際、「実は固形石鹸はつくってないんです」と僕が言うと、不可解な顔をされ、「石鹸屋さんなのに？　じゃあ何をつくっているんですか？」と聞かれます。「石鹸は原料の名称で、石鹸には液体も粉末もあって……」と説明しても、大半の人には、その意味が伝わりません。そもそも石鹸自体にそんなに興味もないので、「（よくわからないけど）ふーん」で終わります。

そんな場面に遭遇するたびに、「石鹸」のフォーマットとして、もっとも多くの人になじみのある「固形」をつくっていないのは、石鹸屋としては足りていないのではないかと感じるようになりました。屋号に「石鹸」という言葉が入っている以上、石鹸の可能性を広げ、石鹸について誰よりも詳しく、誰よりも石鹸をちゃんと使いたい！

そこで、2024年に創業100周年を迎えるのを機に、「固形石鹸を復活させよう」と決断しました。

このときは、固形石鹸の製造はそこまで大変ではないだろうと踏んでいました。手作業にはなるけれど、製造場所さえなんとかなればつくれるだろうと思っていたのです。

趣味で固形石鹸を作られている方はたくさんいらっしゃいます。数人の工房とかで、手作り固形石鹸を製造販売しているところも全国にいくつもあります。僕らは固形石鹸はやっていなかったものの、釜焚き製法での石鹸づくりをずっと続けています。液体の石鹸も粉末の石鹸もつくっています。石鹸についての知見もちゃんとある。いわばプロです。固形石鹸も本気でやろうと思えば、すぐにできるはず、と考えていたのです。

しかし、やってみると失敗の連続。まさかこんなに時間と労力がかかるとは思いませんでした。何もかもゼロからだったので、製造に必要な器具もオリジナルで開発し、処方（油脂の選定や配合比率）も何度も製造してはテストを繰り返して形にしていきました。気づいたら固形石鹸を復活させようと決断してから、7年の歳月が経ち……。こんなに大変だとわかっていたら、固形石鹸を復活させようなんて考えなかったかもしれません。

このゼロからの固形石鹸づくりを通じて気づいたのは、「一度やめてしまったものを復活させるのは、そう簡単なことではない」というあたりまえの事実でした。

木村石鹸では、創業当時から続けている「釜焚き製法」での液体石鹸製造や、粉末石鹸製造も行っています。

この釜焚き製法は、昔ながらの石鹸製造方法。大きな釜で、油脂にアルカリ剤を混ぜ、熱を加えることで反応させて石鹸にしていきます。

液体の場合で5~8時間ぐらい。粉末石鹸にいたっては一日かけてつくったフレーク状の石鹸を4~5日間乾燥させ、水分を飛ばします。その後、何度か細かく粉砕し、最終的にパウダー状の粉末石鹸に仕上げます。製造開始から粉末石鹸完成までにかかる日数は、ほぼ1週間。このようにして製造した液体、粉末、それぞれの石鹸を原料として、さまざまな製品に配合しています。

釜焚き製法で石鹸を製造している会社はどんどん減っています。釜焚きによる粉末石鹸をつくっているところは、もうほとんど残っていないのではないでしょうか。というのも、粉末石鹸は製造に時間がかかる割に単価が安く、効率を考えると、続けていくのが難しいのです。

現在、日本に流通する「石鹸」は、東南アジアで製造された石鹸の元のようなものを日本で加工して最終商品に仕上げているものが多いのです。東南アジアで製造された「石鹸」が品質的に悪いわけではありません。

ふつうに考えると、日本で石鹸製造のための大きな設備を維持、管理して、まる一日以上職人に張り付き作業を強いたり、1週間近く粉末石鹸を乾燥させるためのスペースを確保したりするのは、かなり非効率です。多くの石鹸メーカーが、自社での石鹸製造をやめて、海外からの調達に切り替えたのは、ビジネス面から考えると当然のことと言えるかもしれません。


僕が木村石鹸に戻ったころも、「釜焚き製法」はいつまで続けるのか、という話題がスタッフの間で囁かれていました。数年前にはあるスタッフから親父に「釜焚きをやめたほうがよいのではないか？」という提案もあったそうです。

そんな話も聞いていましたし、僕自身も、あまりにも割に合わない業務は会社の状況を考えるとやめることも致し方ないことだろうと思っていました。しかし、釜焚き製法の様子を見て、その説明を聞いたとき、僕は感動したんですね。

子どものころ、僕は現・八尾本社の敷地内に住んでいて、製造現場が生活のすぐ近くにありました。何度も釜焚きの様子は見ていたはずなのですが、まったく興味がなかったからでしょうか、ほとんど覚えていません。木村石鹸に戻って久々に工場内に入り、実際に釜焚きしている様子を見て、こんな大変なことをやっているのかと驚愕したのと同時に、その職人の姿や釜から沸き立つ湯気、乾燥中の粉末石鹸、老朽化が進んだ古びた工場が、ものすごくカッコいいものに見えたのです。

他メーカーが自社での石鹸製造をやめていく中で、木村石鹸が釜焚き製法を続けてきたのは、親父が「やめるな」と言ってきたからです。事業や経営のことにあまり口出しをしない親父ですが、ここだけは譲らなかった。それは親父が「釜焚き」が好きだという理由もあります。今は足腰も悪くなり、さすがに危ないので無理ですが、よく親父は「石鹸つくりたい」「釜焚きしたい」と言っています。「わしはどんな油でも石鹸にしたるで」と豪語するのです。あんなに面倒で大変な作業なのに、親父は「おもしろい」「やりたい」と言う。不思議です。

そして、おそらくですが、一度やめてしまったら、もう二度と復活させることはできなくなる、という実感もあるのだと思います。後で聞いて知ったのですが、親父は固形石鹸もやりたかったそうです。でも、復活させることができなかった。

やめるのは簡単ですが、やめてしまったらもう終わり。二度と、釜焚き復活なんてできない。ならば、続けられるなら、続けていくべきじゃないか。そんなふうに考えているのではないかなと思います。

僕自身は、少し前まで、ビジネスにおいて「続ける」ことを目的化するのは危険なのではないかと思っていました。「家業」「後継ぎ」みたいな考え方に苦しめられてきた反動もあったのだと思います。ビジネスには、社会をよくするとか、人々の暮らしを豊かにするとか、何かしらの目標があり、その目標のために会社という組織がある。だから、目標を達成したら、会社はなくなってもよい。それが、目標よりも、会社や事業を続けていくことが目的になってしまったら意味がないんじゃないか。そう考えてきました。

でも、木村石鹸に戻って釜焚き製法に触れたり、さまざまなモノづくりの現場を見たりして、考え方が180度変わりました。「続けることに価値はある」という考え方に。いや、正確に言うなら「続けることに価値はある、としておきたい」と、思うようになりました。「一度やめてしまったものを、復活させるのはそう簡単なことではない」からこそ、続けていかないといけない。続けていくことそのものにも価値があると思っておきたいのです。

ビジネスでは、何よりも「効率」という価値がものすごく強い。「続ける」という明確な意思がなければ、効率の追求により切られてしまうもの、やめざるを得ないものはたくさん出てきます。そうやって効率を追求し、非効率なものを排除していった結果、それで実現される世界や社会が豊かだと言えるのか？　僕はどうも違う気がするのです。

「固形石鹸」の復活は、どう考えても割に合わないし、非効率すぎます。固形石鹸を商品のラインナップに加えるだけなら、製造を請け負ってくれる会社にお願いする方が圧倒的に楽です。でも、それでは意味がない。今回は、すべてゼロから自前でやることにしました。そして、なんとか復活のスタートラインに立つことができた。しかし、ビジネスはこれから。せっかく復活させた固形石鹸。始めた以上は、どうにかして続けていきたいと思っています。

そのためには、ビジネスのバランスを取っていく必要があります。固形石鹸が爆発的に売れて、儲かる日はたぶんこない。でも、続けていけるレベルで収益バランスは取らないといけません。それは「液体石鹸」や「粉末石鹸」も同じです。釜焚き製法を続けていくためには、ビジネスとしても成り立たせていく必要があります。続けることに価値があるからといって、ビジネスがまったく成立していなければ、さすがに続けていくことはできない。

非効率、でも大切なことを、大切にしながら、どうにかして、そのバランスを取っていく必要があるのです。

釜場

乾燥機

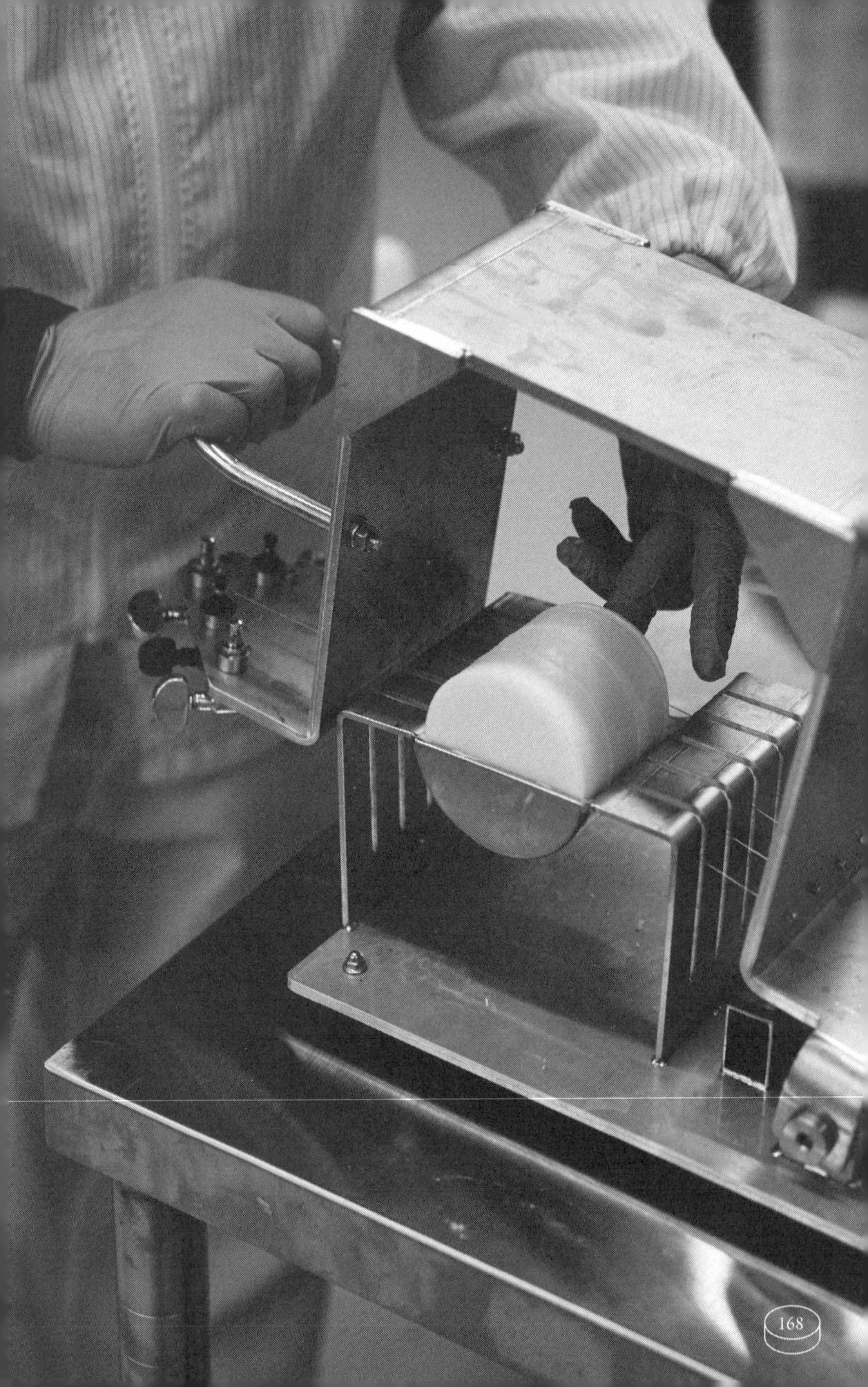

「デザイン経営」の前に「あたりまえ」の見直しを

環境に配慮した商品づくりを行う「環境大善」の代表である窪之内誠さんが展開している「私のデザイン経営　強くて愛されるブランドをつくる人々」というＹｏｕＴｕｂｅの番組があります（配信は不定期で現在は一旦終了中）。番組には毎回、モノづくりビジネスを行うゲストが登場するのですが、「中川政七商店」の中川淳さん（現会長）が出演された回がすごくおもしろい。

実は僕もこの番組に出演したことがあります。

窪之内さんが今後の事業展開について考えていたとき、僕のブログがブランディングに取り組むきっかけになったそうで、そんなつながりから、栄えある第１回のゲストに呼んでいただいたのです。

そのブログで取り上げていたのが、中川さんの書籍でした。

当時、木村石鹸はブランディングに取り掛かろうとしていた時期で、まずは勉強のために、幹部メンバーで中川さんの著書の読書会を開くことにしました。

中川さんの著書を参考にしたのは、ブランドやブランディング関連の本で、ここまで実践的かつ具体的、しかも僕らみたいな中小零細企業のスケールにフィットする内容は、他にはないと思ったから。特に『経営とデザインの幸せな関係』(日経ＢＰ)と『老舗を再生させた十三代がどうしても伝えたい 小さな会社の生きる道』(ＣＣＣメディアハウス)にはすごく感化され、ブランディングに取り組もうという意欲や勇気を与えてもらいました。

現在、木村石鹸の経営が安定しているわけではありません。でも、あのときブランディングに取り組んでいなかったら、今頃、もっと厳しい状況だったはず。僕自身がブランディングの効果を実感しているので、迷っている人がいたら「取り組んだほうがいいですよ」とアドバイスしています。

さて、この番組のトーク中、「デザイン経営についてどう思われますか？」という質問を受けました。

僕は、「経営がデザインみたいなもんじゃないか」と答えました。

商品やロゴのようなイメージをつくることだけがデザインなのではなく、ビジネスの仕組みや顧客との関係、社内への伝え方、これらすべてがデザインの領域であり、デザイン的な思考が求められているのではないか。「デザイン経営」という言葉が、あたかも新しい経営手法や経営のあり方のように語られてはいるけれど、経営にはそもそもデザイン的な思考やプロセスが組み込まれているんじゃないか。そんな感じのことを述べました。

一方、同じ質問を受けた中川さんは「デザイン経営という言葉は中小企業にとっては危うい言葉だと思う」と、おっしゃっていました。

デザイン経営は難しい。あくまでも「経営」の中のひとつの手法や技法としてデザインがある、という位置づけで考えたほうがよいのではないか。そもそも、中小企業は「デザイン経営」の前に「経営」ができていないところが多いので、最低限の経営ができるようになるような勉強をすれば絶対によくなるんだと。

この話を聞いて、確かにそうだなぁと思いました。今まで事あるごとにブランディングや組織改革みたいな話をしてきたけれど、かなり無責任な話ばかりしていたのではないだろうか。商品やクリエイティブの話は、わかりやすいし、講演でもうけるのですが、その前にもっと重要なことがあるし、そっちの話もきちんと伝えていかないといけない。中川さんの指摘でそう気づかされました。

僕が木村石鹸に戻ったのは2013年です。並行していろんなことを進めましたが、中でも、最低限の経営環境を整備していくことに力を入れました。

当時の木村石鹸は、目標や予算、計画などがまったくなく、社員のほとんどが売り上げ以外の数値を把握していないし、追いかけてもいないという状況でした。月次の決算書を見ているのは、当時の社長である親父ぐらい。その決算書も棚卸が反映されていないので、実態はよくわからず……。過去10年のP/L(損益計算書)を追いかけてみると、売上高総利益(粗利)率はどんどん悪化していました。販管費はほとんど変わっていないのに、粗利が減って営業利益が出ていないという動向はわかったものの、なぜ粗利が減っているのかは誰にもわからない。当然ながら、粗利率の悪化に対して何の対策も打てておらず、「経営」がなされてない状態だったのです。

最初に取り組んだのは、数値をクリアにすることでした。商品ごと、得意先ごとの粗利を把握する。固定費と変動費を分けて、損益分岐点を把握する。現状がある程度わかるようになったら、そこから目標や予算を立て、それに対する施策を考えて実行する。そして、計画と実績を毎月振り返り、乖離をチェックする。その乖離の原因を分析して、また対策を講じる。ものすごくあたりまえのことばかりです。

中川さんが指摘していたように、中小企業は、このレベルもできていないわけです。過去の資産や遺産を引きずった「どんぶり経営」で、なんとかなっている。そこをまず「普通」のレベルに持っていく。これは確かに「デザイン経営」うんぬんの話ではありません。たとえば、九九もできないのに、いきなり微分積分をやるようなもの。まずは九九をちゃんとやらないと。

業務用分野の商品については一斉に値上げをしました。というのも、原料費は年々上がっているのに価格は20年間据え置きで、ものすごく薄利状態だったのです。現場からは、値上げすると顧客が離反する、競合に取られると、懸念の声も上がりましたが、ある程度の離反も仕方なし、と実施しました。

ある社員は、得意先から「こんな時期に値上げするなんて信じられない。もう二度と使わない。おまえんとこみたいな会社は絶対にダメになる」と罵声を浴びせられたそうです。実際、取引がなくなったり、競合に乗り換えられたりしたケースもありましたが、心配したほどの大きな損失は出ませんでした。

また、当時は80社ぐらいのお客さんから毎月「集金」をしていました。月末になると営業2名が集金に走り回らねばならず、1カ月のうち3～5日ぐらいは集金業務に費やしていました。集金している80社のトータルの売り上げは、業務用分野の中の20%ぐらい（全体から見ると5%弱ぐらい）だったと記憶しています。これをすべて振り込みに変えてもらうことにしました。

集金のときに顔を出すのは営業的側面もあり、それがあるから継続購入してもらっている。集金をなくしたら、他社に切り替えられる、そんな心配の声も上がりました。集金に行くことも昔からの関係を大事にする「木村石鹸らしさ」なんじゃないか。僕が戻ってきたことで「木村石鹸は悪い方に変わった」と思われてしまうんじゃないか。社内ではそんな懸念もありました。

ただ、どう考えても、この80社に力を入れても成長は難しい。決してこの得意先さんを大事にしないわけではないけれど、今の状況を総合的に判断すると、振り込みにしてもらったほうがいい。もしこのことが原因で他社に切り替えられるなら、それはそれで仕方ない、集金業務に使っていた時間を、新規顧客獲得の方に使えばよい。そんなふうに考えて断行しました。その結果、大半の会社は快く協力してくれました。

この一連の動きにより、収益性は大幅に改善しました。集金業務から解放された社員は、より市場が大きく、お客さんも多い関東圏への営業に時間を割けるようになりました。思惑通り、新規顧客も増えた。その結果、右肩下がりだった業務用分野も売り上げを伸ばしていけるようになりました。

こんな話は地味すぎておもしろみはありません。ものすごく細かく、泥臭いところですが、でも確かに「デザイン経営」だ「ブランディング」だという前に、すぐに手をつけることで、出血を止められるところはたくさんあるだろうと思うわけです。

昨今はあまりにも「デザイン経営」という言葉が魔法のように語られ、広がっています。「デザイン経営」を取り入れている企業の収益性が高い、成長率が高い、みたいなデータも発表されていて、ますます、「デザイン経営」への期待感が上がっています。

実際、経営にデザインを取り込むことの効果はあるとは思います。その延長である「ブランディング」も、中小零細企業であればあるほど、その重要性は高いと信じています。

でも同時に、あたりまえのことがきちんとできているかどうかに目を向けることも忘れてはいけません。それは、現在の自分にも問いかけないといけないことだなと感じます。九九もできていないのに、微分積分などと難しいことばかり知らぬ間に考えてはいないかと。

利益の源泉をコストダウンに求めすぎるのは危険

ある大手メーカーの部品の加工を請け負っている会社を訪問した際のこと。その日は立っているだけでも汗が噴き出すほどの暑い夏の日でした。工場に隣接する事務所に入り、受付を通り、担当者がいる3階へ案内されました。「エレベーターは使えませんので、階段でお願いします」と言われ、3階まで階段を上がりました。

事務所に入ったときから暗いなと感じていましたが、階段も通路もすべての電気が消されていました。事務所棟内に入っても、涼しさをまったく感じません。冷房もついていないようでした。廊下もとても暗く、廊下から見える執務室は真っ暗なところもありました。よく見ると、各机の上のモニターから淡い光が漏れ出ていて、その暗い部屋で仕事をしている人がいる。かなり異様な光景でした。商談席も暗く、光は担当者のPCモニターの明かりくらいでした。

そして、とにかく暑かった。3階まで歩いて上がってきた時点で汗が止まらなくなっていましたが、ブースに通されても、まるでサウナに入っているかのようで、私はひたすらハンカチで流れ落ちる汗を拭いていました。

商談の最後に、この異様な環境の話になりました。担当者が説明してくれたのは次のようなことでした。

毎年、その会社の発注元である大手メーカーが価格交渉に来るそうです。それは恒例行事で、毎度必ずコストダウンを要望される。

会社側は、その要望に何年も、何十年も応えてきて、改善を繰り返してきました。しかし、製造工程や原料などのコストダウンはもう限界にきており、さすがにこれ以上は無理だと伝えたところ、発注元の会社は「この事務所棟の電気代は年間いくらですか?」「冷暖房を必要最小限の利用にしたら、いくら削減できますか?」「エレベーターの利用をやめたらコスト削減できませんか?」「部屋の電気は本当に必要ですか?」といった指摘をしてきたそうです。

以来、発注元の担当者がいつ会社に来ても、限界までコストダウンしていることを示さなければならないため、本社棟ではエアコンの使用を禁止し、エレベーターの使用も不可、各部屋は必要最小限の電灯のみという対応を徹底しているとのことでした。

その話を聞き、僕は憤りを覚えました。

なぜなら、その発注元の会社は当時、過去最高益を記録していたのです。自分たちはしっかり利益を確保しながら、発注先の会社には、真夏でもエアコンを使えない状況を強いる。あまりにも不条理です（発注元の会社も同様の経費節約を行っていると、その請負側の会社の担当は述べていましたが）。

このような話は、どの業界にもあるかもしれません。少しでも安くよいものを追求する姿は美しい。しかし、真夏にエアコンさえも我慢し、暗いオフィスでPCに向かう。そこまで切り詰めて提供しなければならないものは、何なのでしょうか。

どの業界でもサステイナブルな話やフェアトレードへの注目が高まっていますが、日本国内のモノづくり基盤にもフェアトレード的な概念が広がっていかなければ、日本でモノづくりができなくなってしまうかもしれません。

戦後、発注元と請負企業が一蓮托生《いちれんたくしょう》で規模を拡大していった時期がありました。コストダウン要請に応えれば、その分、トータルとして製造数量は伸びていき、請負会社の売り上げも拡大し、事業規模も大きくなる、そういう時期は確実にあった。ですから、その会社も何十年もその慣習に応じてきたのでしょう。

しかし、そういった構造は今はもう成立しません。構造そのものが変わらないと、この状況から抜け出すことは難しいでしょう。

そもそもモノがどんどん売れる時代は終わっています。去年より今年、今年より来年と、毎年販売量が拡大していく時代はとっくに終わっている。少なくとも日本市場ではそうです。

コストダウンの努力は、決して悪いものではありません。どうすれば、安く品質のよいものを製造できるか、創意工夫を凝らす必要はあります。ただ、利益の源泉をそこに求めすぎてしまうのは問題です。価格を安くする努力だけではないところで価値をつくり出せなければ、その仕事や業界で働ける人もいなくなり、いずれ成立しなくなってしまうでしょう。そして、請負会社が行き詰まれば、その一社だけの問題では済まない場合もあります。「生態系」そのものが変わってしまうと、その請負会社に連なる他の会社にも影響が及んでいき、日本ではその工程ができなくなってしまう、なんてことも。

そうやってつくれなくなってしまったものは、実はかなりの数に上るかもしれません。それによって失われた職業もかなりの数になるでしょう。これを単に「自然淘汰」として片づけてよいものかどうか、今の僕には答えがありません。

弱い立場にならないために

たとえば、やっかいなお客さんがいるとします（実在のお客さんの話ではありません）。

いつも無理難題を言ってはスタッフを困らせる。そのお客さんの担当になると皆、精神的に不安定になる。お客さんに悪意があるわけではない。ただ、性格に問題がある。自分の方が「立場が上」という認識があり、無理難題を言うのがあたりまえだと思っている。

しかし、そのお客さんからの売り上げや粗利は非常に大きい。やっかいなお客さんだからといって取引をやめてしまうと、会社にとっては大ダメージ。そのお客さんが業界にも影響力を持っているとさらに難しい。下手をすると、業界内での評判に泥を塗りかねない。そうなると会社存続の危機に陥る可能性だってあり得る。

何度も交渉を行い、お客さんに事情を説明し、根気強く取引内容についての改善を働きかける。しかし、一向に態度は変わらない。

さて、こんなお客さんに対して経営者はどう対応するか？

僕は、「やっかいなお客さんとはつきあわない」という方針は、全面的には賛成できないところがあります。もちろん、やっかいなお客さんとつきあわずにすむならありがたい。でも、やっかいなお客さんとつきあわないという方針が行きすぎると、ちょっとでも摩擦があるとすぐに身を引いてしまうといったように、自己中心的な対応につながりかねません。人間関係でもそうですよね。摩擦を避けて自分のことを理解してくれる人たちとだけとつるんでいても成長はありません。摩擦を通じて、自分の未熟さを知ることもあるし、自分の強みを学ぶこともある。自分の言葉を理解してくれない人に対して働きかけることも、成長のためには必要です。ですから、相手がやっかいなお客さんだからつきあいをやめよう、という発想はしたくない。

ただし、限度はあります。対応した従業員の大半がメンタルをやられ、どんどん疲弊していく。こんなとき経営者はどういう判断をしたらいいのでしょう？

お客さんとの取引を断れば、そのお客さんに振り回されて精神的に大きいダメージを受けていた従業員はホッとするでしょう。しかし、それで会社の経営が危うくなったら。それはそれで多くの従業員を不幸に陥れることになります。

こういった類の話題で、想起する事例があります。

それは1979年のこと。大和運輸（現・ヤマトホールディングス）が創業以来、最大手の取引先だった三越との取引を停止したのです（現在は復活）。このニュースは両社のシンボルマークに引っ掛けて「ネコがライオンにかみついた」と話題になりました。

大和運輸の創業は1919年。その直後から三越（当時は三越呉服店）の物流を担っていましたが、1972年に三越社長に岡田茂氏が就任すると関係は悪化。岡田氏の売り上げ至上主義に翻弄され続けた挙句、運送費の大幅引き下げや映画チケットの大量購入など理不尽な要求を繰り返す態度に耐えかね、配送契約を解除することにしたそうです。事の次第は、大和運輸の当時の社長である小倉昌男氏の著書『小倉昌男　経営学』（日経BP）に書かれているので、そちらをごらんいただきたいのですが、ここで注目すべきは、この非常事態における小倉氏の采配。BtoB（企業間）の運輸事業から個人向け宅配事業への転換をはかったところにあります。

今でこそ、個人向け宅配事業はいろいろな運輸会社が行っていますが、当時は郵便局以外では皆無、民間では絶対不可能といわれた事業です。実際、そのときの大和運輸の役員は誰一人、個人向け宅配事業の可能性を信じていなかったようですが、小倉氏には勝算がありました。三越との取引停止申し入れの前に、個人向け宅配事業の可能性について徹底的に検討し、成功のためのポイントを理解していたといいます。結果、初年度はとてつもない赤字を出したそうですが、その後の業績は皆さんご存じの通り。

新しい事業に転換することで、負の状況から逃れることができた。自らの意思で逃れた。これはすごいことです。

やっかいなお客さんとの取引で従業員を犠牲にしたくないなら、そのお客さんの仕事が断れないような状況をつくり出さないようにすること。それが第一です。経営のリスク管理として、限られたお客さんに頼らずともすむようなマーケティングプラン、ビジネスのストーリーをしっかりと組み立てることは、必須でしょう。特定の仕事、お客さんを断ることができない状況そのものが、経営的にはリスクが高い状態です。

発注元の大手企業から毎年のように値引き要求され、断ることができない。そんなことに頭を抱えている中小企業は少なくないでしょう。では、なぜこういった状況に陥ってしまうのか。それは、短期のメリットを優先しすぎていることが多いからではないでしょうか。依存度の高いお客さんができてしまうのは、その方が効率的だからだったりします。短期ではそのお客さんの仕事がバラ色だとしても、長期の視点も併せ持って、そのお客さんとの仕事にブレーキを踏むことも必要です。今は非効率でも、あえて、すぐには売り上げにつながらないようなお客さんや市場にトライすべきかもしれません。

もし仮に、今すでに、やっかいなお客さんがいる状況だったら？

その場合は、深く考え、一つ一つの疑念を潰し、自分が信じるに足りるプランをつくるしかありません。大和運輸がそうしたように。そこにはさまざまな困難が待ち受けているでしょう。もちろん、従業員にも協力してもらわなければなりません。自らが主導権をもったビジネスをやっていくためには、この艱難辛苦《かんなんしんく》を乗り越えよう、と。

タスクに埋め尽くされる時間とどう向きあうか

ずっと前から疑問に思っていることがあります。それは、僕たちの時間は何に奪われているのか、ということ。

僕らの業界では、家事全般の「時短」が一つの大きなブームです。洗濯もすすぎ1回ですむとか、早く乾くとか、とにかく手間や時間を省略できるグッズやサービスが山のように登場して人気を博しています。

でも相変わらず、大部分の人は忙しいままです。時短商品のおかげで、余暇ができた、という人を見たことがありません。

時短商品を使う人は、そもそも元々忙しすぎる人で、時短商品のおかげでそれが多少マシになっていることはあるかもしれません。だけど、空いた時間はすぐ別の何かのタスクに埋められてしまいます。

世の中はどんどん便利になっています。便利になるとは、時間の束縛や制約からの解放という側面が大きい。今まで自分がやらないといけなかったことから解放されるとか、何時間もかかっていたことが数分でできるようになるとか、何段階にも分けてやっていたことが一つの手順ですむようになるとか。

洗濯機、冷蔵庫、電子レンジ、冷凍食品、コンビニ、インターネット。新しい製品やサービスが登場して、僕らの生活は確実に「便利」になっています。

新しい製品やサービス、あるいはテクノロジーの登場で、ある特定の拘束時間から解放されたり、すごく時間を要していた作業が、短時間ですむようになったり。

これだけ時間を省いてきたのだから、本当ならどんどん余暇ができるはず。でも、僕らは相変わらず忙しく、いつも時間がないと嘆いています。仕事はどんどん忙しくなっていくし、プライベートや生活の時間も増えているように思えません。自分が自由にできる時間はむしろ減っているように感じている人が多いのではないでしょうか。なぜなんでしょう。

家に風呂がなくて、多くの人が、銭湯を利用するのがあたりまえだったころは、当然、銭湯が開店している間に仕事を終えないといけませんでした。

電子レンジや冷蔵庫が普及していない時代は、家族そろって同じタイミングで料理を食べることが常識でした。

便利なものが登場する以前は、こういった不便さがもたらすさまざまな制約が、皆で共有されていました。これがある種の社会的ルーティンとして機能していて、それが生活と仕事の線引きの理由や口実にもなり得ていたと思うのです。

今、「銭湯に行くので早く仕事切り上げます」とは、なかなか言えないでしょうし、「家族一緒にごはんを食べるので、仕事は何時までしかできません」とも言いにくい。

仕事だって、ほんの十数年前に比べたら、各段に効率よくなっているはずです。メールやチャットツールなどでのやりとりが普通になり、コミュニケーション効率は格段に上がりました。

でも、こういった効率化で得られた時間は、また別の仕事で埋められてしまうのか、相変わらず、仕事は忙しいまま。

物理的な制約があったが故に、守らざるを得なかった日常のルーティンがあったのが、テクノロジーの進化でその制約が取っ払われてしまい、ルーティンを維持できなくなりました。日常のルーティンがなくなれば、それを理由にしていた「仕事」と「プライベート」の垣根や線引きが曖昧になってしまい、よほど、強い意思をもって、自分で決めたルールを守らないことには、それを維持できなくなっています。

たとえば、スマホを持っていると、いつでも業務メールが確認できてしまう。プライベート時間には業務のメールを確認しない、とするためには、やはり確固たる意思が必要になります。もちろん、そこには「競争」もあるので、「自分（自社）」だけの思いを押し通すことが難しいのは理解できるのですが。

また、新型コロナウイルスの影響で、リモートワークが一気に広がり、ビデオ会議システムなどもふつうに使われるようになってきました。この状況は、ますます生活の時間を奪う方向に傾いていくような気がします。

通勤電車から解放される、移動から解放されるというのは、一見、自由度が上がり、使える時間が増えるように思えますが、一方で、いつでも会議や打ち合わせができるようになるわけで、これは、今までの発展の流れでいくと、ほぼ確実に、僕らの生活時間を搾取する方向により強く流れていくのではと懸念しています。

自由な時間が増えるとか、面倒な作業が省かれるとか、楽になるとか、進化や発展への期待にはそういうものがありましたが、単に便利な商品やテクノロジーが、僕らの生活を豊かにするわけではない、ということは、そろそろしっかり理解したほうがいいなと思うのです。

「親孝行強化月間」に感謝スキルを磨く

木村石鹸では、毎年4月に「親孝行強化月間」を設けています。20年以上続く、木村石鹸の恒例行事です。行事とはいっても「親孝行しましょう」と、社長が社員全員に1万円を支給するだけなのですが。

何に使ったかの報告は必要なく、チェックもありません。たまには親孝行について考えてみてよ、と促すだけで、そのお金をどう使うかは、本人に任せています。

僕はこの取り組みを親父（前社長）から引き継いだのですが、最初はあまりその意味も意義もわかっていませんでした。

社員に親孝行を推奨するって何なのだろう。

もちろん、何らかの理由で親孝行できない人もいます。「親孝行」というのはあくまでも象徴的なもので、簡単に言えば、自分がお世話になった人に感謝しようと促しているわけです。必ずしも「両親」と限定しているわけではありません。

とりあえず、長く続いている取り組みなので、そのまま引き継ぎましたが、最初の数年は、続けるべきか悩みました。しかし、続ける中で、なんとなくこの取り組みの意味や意義みたいなものがぼんやりとわかってきたのです。

親孝行強化月間は、年に1カ月でも、1日でもいいから、あたりまえのことがどれだけすごいことかを感じ、感謝する機会を提供する、つまり「感謝スキル」を磨く場なのではないか、と。

この感謝スキルの向上は、人生の幸福と関係しているように思います。親父がこんな取り組みを続けていたのは、親孝行をさせたいというより、親孝行を通じて社員に感謝スキルを身につけさせたいということだったのではないか。

ある方からこんな話を聞きました。

オランダは世界でも幸福度の高い国として有名です。ただ、その方がオランダ人に話を聞くと、幸福度が高いからといって「人生は最高にハッピー、幸せいっぱい!」みたいな感じではないということです。あたりまえですが、どちらかといえば、「まぁ、現状は悪くないし、不幸でもないので、とりあえずは十分かな」というような感覚だということを言っていたそうです。続けて、「それは日本でいうところの『足るを知る』というようなものでしょうか」と訊ねたら「まさにそんな感じだ」と。

その話を聞き、「足るを知る」と幸福には、何か関係があるんじゃないかなと考えるようになりました。そして、「足るを知る」は、感謝という心遣いの延長にあるのではないかと思うようになったのです。

感謝は意識して取り組めば取り組むほど、感謝する心が育まれ、豊かになっていくものではないでしょうか。むしろ感謝する心が先にあるからこそ、よいことや、すばらしいできごとに気づけるのではないかとも思います。

極端に言えば、この日本に生まれたということにも感謝できるし、今、ふつうに生活できているということにも感謝できるわけで、私たちの身の回りは感謝できることで満ち溢れています。そんなあたりまえの日常や生活に感謝できる心が、「感謝すべきできごと」を現前化させるのではないか。


親父はよく「親孝行できる社員を育てたい」と言っていますが、これはある意味、社員の感謝スキルを高めることであって、それは「社員が幸せになる」ということとほとんどイコールなのかもしれません。

以下は、以前、社員に1万円を支給する際に添付したメモに書いた文章です。

――今年も親孝行強化月間がやってまいりました。この取り組みも今年で20年目を迎えます。平成最後の4月に、親孝行強化月間が節目の20年を迎えるというのも、何かの縁のようなものを感じます。あ、もちろん次の元号になってもこの取り組み自体は続けていくつもりですが……。

父（現会長）は、よく、

10年、偉大なり。

20年、恐るべし。

30年、歴史になる。

50年、神の如し。

という格言を口にします。どんなものでも「続ける」ということは大変なことです。「継続は力なり」という言葉があるように、まず、ほとんどのことは「続ける」ことが難しいのです。

木村石鹸はこの2019年で95年目を迎えますが、木村石鹸の中の数ある取り組みの中でも、もっとも長く続いている取り組みの一つが、この親孝行強化月間です。社の制度を「続ける」ためには、経営者の強い意志が重要であるのは間違いないです。しかし、それだけで10年、20年と同じことを続けていくことはできません。時代の変化は激しく、ある時代では賞賛された価値観が、ある時代では無用なものだと忌み嫌われることもあります。

たとえば、昔は、社員の住所の共有は、あたりまえのように行われていました。年賀状やお中元、お歳暮などのやりとり、あるいは緊急連絡などにも必要なので、社員の住所録を会社がつくり、社員に配布するということは一般的でした。しかし、今は、個人情報保護の観点から、そういった行為は好ましくない状況になっています。

続けていくには、そういう時代の流れや価値観の変化みたいなものにも寄り添って、適合していかなければならないのです。

その意味では、「親孝行強化月間」という取り組みが、この20年という「恐るべし」期間にわたって継続できたということは、それはある意味、木村石鹸という会社の価値観に、フィットしてきたものであったこと、それが「木村石鹸らしさ」を形づくる重要な要素であったからではないかと思うのです。そして何よりも、時代の変化が激しい中においても、「親孝行する」という行為や価値観の重要性が全く損なわれなかったという背景があるように思われます。

僕は「親孝行強化月間」の本質が「感謝スキル」の向上にある、と最近になって気づきました。親孝行を考えることは、自分が今、生きて、生活しているというあたりまえのことに、どれだけの人たちの支えや貢献があったのかに想いを馳せることです。一言で言えば「感謝する」ということ。そして、この「感謝」という行為は、実は、スキル（技術）という側面があり、日々改善、成長させていけるということに気づいたのです。

あたりまえのことに感謝できる人は、人生をより豊かに過ごすことができるのではないでしょうか。コップに半分水が入っている状況を見て、「あぁ半分しか水がない。なんて不幸なんだ」と思う人と、「半分も水が入っている。なんてラッキーなんだ」と前向きにとらえる人がいるように、どのような状況や境遇でも、それに不平不満の気持ちで向きあう人と、感謝の心で向きあえる人がいます。どちらの心が豊かでしょう。どちらの人が周りの人たちの共感を呼ぶでしょうか。

感謝スキルを高めるには、日々、あたりまえのことに目を向ける、感謝するということが大事ではないかと思います。「親孝行強化月間」という取り組みは、まさに、そういう気づきを得られる場であり、感謝スキルを向上させるためのきっかけなのではないかと思うのです。

自分が生まれて、生きている、そのことには、必ず両親がいて、その両親にも両親がいて、先祖がいるということ。そんなあたりまえのことが、実は奇跡的なことであること。1年に1カ月でも、1日でも、そんなことを考えてみるのは、決して無駄なことではないと思います。そういう心遣いの積み重ねが感謝スキルの向上につながるのではないでしょうか。

私自身は、決して感謝スキルが高くありません。まだまだ至らぬ点が多々あります。この取り組みを通じて、私もまた、皆と一緒に感謝スキルを高めて、より精神的にも豊かな人生にしていきたい、そんなふうに思っています。

煙突を巡る木村石鹸四代の物語

木村石鹸本社には高い煙突がありました。

実はこの煙突、もうありません。3年前に解体し、煙突があった場所は今は更地になっています。

煙突は、八尾本社ができたときにつくられたもので、当時、この辺り一帯ではかなり目立った存在でした。


僕は木村石鹸の四代目になりますが、この煙突は、初代、二代目、三代目と続く先代たちの歴史や想いの結晶のような存在でした。

初代・熊治郎は1924年に今の木村石鹸の前身「木村石鹸製造所」を始めます。

しかし、1944年、太平洋戦争の影響による原料不足でやむなく廃業となります。

木村石鹸製造所では、石鹸を製造するのに木炭で釜を焚いていて、工場には高い煙突が立っていたそうです。しかし、廃業となり工場も畳むと同時に、自慢の煙突も解体されたそうです。

熊治郎の息子、金太郎《かねたろう》（二代目）は、木村石鹸製造所で父を手伝っていましたが、戦争中に熊治郎が亡くなり、木村石鹸も廃業となったので、戦後しばらくはボイラー技士として別の会社で働いていました。腕がよく社長からも信頼されていたそうですが、そのボイラー会社の社長の息子が会社に戻ってきたため、事実上の解雇を言い渡されます。

仕事を失い、金太郎はじっと火鉢の前に座って考えにふけっていたそうです。その様子を当時中学生の息子、幸夫（三代目）はよく覚えていて、このときの話は、僕も何度も聞かされました。

そうして2カ月ほど経ったある日、「よっしゃ！　昔の石鹸屋やったる！」と金太郎は宣言したそうです。幸夫は、それがうれしくてうれしくて仕方なかったと言います。

とはいっても、ほぼ無一文からのスタート。石鹸を焚く釜もなく、レンガを積んで釜場をつくり、ドラム缶を釜代わりにするような即席手製の工場から始めたそうです。当然、煙突なんてありません。１９５４年、「木村石鹸工業」としての再スタートでした。

実は、そのタイミングで金太郎の妻、幸夫の母が亡くなります。しかし、葬式をあげるお金がなく、幸夫は親戚にお金を借りに行かざるを得なかったそうです。そこで、「おまえの家は、母親の葬式あげる金もないのに石鹸屋やるんか」と嫌味を言われます。幸夫はそのときの悔しさを胸に、必ず石鹸屋で儲けてやると誓ったそうです。

その後、父・金太郎と息子・幸夫は、二人三脚で頑張って、少しずつ木村石鹸を大きくしていきます。

そして、１９７６年、現本社がある八尾に工場を移転、新工場を建てることになったのです。同時に法人に改組し「木村石鹸工業株式会社」を設立。代表取締役に三代目・木村幸夫が就任します。


新工場を建てる際に、金太郎がこだわったのは、初代・熊治郎が興した木村石鹸製造所の工場にあった煙突でした。あの煙突より高い煙突を建てるんだ。それが戦争で廃業を余儀なくされ、煙突を解体された熊治郎の無念を晴らすことと、金太郎流の熊治郎への感謝の気持ちの体現だったのです。当時の木村石鹸の規模にはどう考えてもふつりあいな巨大な煙突は、そんな金太郎の想いから建てられたものでした。

以来、その巨大な煙突は木村石鹸の象徴として、また、こだわりの釜焚き石鹸の製造の要として活躍します。

しかし、工場の周りに民家や別の工場などが建ち並ぶようになり、煙突から出る煤《すす》や灰で迷惑をかける場面が出てきます。時代の流れも相まって、釜焚きも蒸気熱を使う方式に替えていったので、この十数年は煙突としての本来の役目は果たしていませんでした。

煙突ができて約50年。煙突そのものが折れたり倒れたりはしないとは思いましたが、コンクリートの外壁には亀裂が走り、何かのきっかけで剝がれ落ちてくる危険性が懸念されるようになりました。

何年か前から、僕らは煙突を維持できる方法はないか、うまく改修できないか、いろいろな業者に話を聞き、検討を重ねてきました。そして、最終的には今後のことを考えると、解体するのがいちばんよいという結論に至りました。

煙突の解体工事が始まる日に、僕と親父（幸夫）とで簡単なお清めの儀式をしたのですが、そのときに親父が煙突に抱きついて「ありがとう」と言っていたのがとても印象的でした。親父にとってこの煙突は、金太郎の形見みたいなものだし、苦楽を共にした相棒だったのだと思います。

煙突の解体工事は何の問題もなく、無事終わりました。解体中にわかったのですが、ある箇所ではコンクリート片が引っかかっているだけになっているところがあり、ちょっとした衝撃で落下してもおかしくない状態だったそうです。このタイミングで解体できたのはよかったなと思っています。

初代から三代目までの想いが受け継がれた煙突を四代目の自分が解体するというのはつらいところがあります。できれば、次の世代にも引き継いでいきたかった。でも、何か事故が起きてからでは遅い。古いものを継続させていくことも大事ですが、一方で、それを断ち切って新しいことに取り組んでいくことも、未来を創り出していくには必要なことなんだと、自分に言い聞かせ、解体を決断しました。

その年、煙突がなくなってしまって、サンタも寂しかろうということで、社員たちが本社棟をライトアップしてクリスマスツリーをつくってくれました。このライト

木村石鹸

アップがまたこれからの木村石鹸のシンボル、クリスマスの名物になっていくとよいなと思っています。

また、ある社員は、この煙突を巡る物語を関西の人気テレビ番組の企画に投稿してくれました。視聴者からの依頼を受けて、芸人さんが家の庭を改造するという名物コーナーですが、普段は一般の方の「自宅の庭」が中心で、「会社」が選ばれるのはレアケースのようです。

ですが、見事採用され、芸人さんたちが煙突に代わる新しいモニュメントを木村石鹸の庭につくってくれました。でき上がったのは、手作り感と親しみやすさのある煙突風のモニュメント。親父もこのモニュメントには大感動で、何度も見上げながら、涙を流して感謝の気持ちを伝えていたのが印象的でした。

煙突はなくなってしまったけど、初代、二代目、三代目と先人たちの苦労やご恩への感謝は忘れることなく、新たな未来を切り開いていきたいです。

おわりに

この本には「おおらかな経営」なんてタイトルをつけていますが、僕自身はすごく小心者です。事業が安定しているわけでもなく、会社も、いつ何があってもおかしくない、ちいさな弱い会社です。会社や経営や事業について、何か確信して「こうだ」と言い切れるようなものは何も持っていません。いつも不安ですし、いつも手探り。模索ばかりしています。

ただ、事業としてはいろいろ大変でも、会社の姿勢やスタンスとしては、健全でありたい、誠実でありたいと強く思っています。

会社のロゴの上には「くらし、気持ち、ピカピカ」という言葉があります。誰がつくったのかわかりませんが、すごくよい言葉だなと思って大切にしています。

僕らがつくっているものは、汚れを落としたり、キレイにしたりするためのものです。でも、単に汚れを落とすとか、キレイにするだけではなく、それを使うと気持ちがよいとか、うれしいとか、そういう健やかな感情につながるようなものであってほしい。そう願っています。

そのためには、そんな製品をつくっている自分たち自身が健やかでないといけないと思うのです。人の気持ちもピカピカにしようとしているのに、その製品をつくっている人たちが、ただただお金儲けのことだけに邁進していたり、超絶ブラックな職場で精神をすり減らしていたりしたら嫌じゃないですか。

会社としても「くらし、気持ち、ピカピカ」でありたいのです。

木村 祥一郎　SHOICHIRO KIMURA

1972年生まれ。1995年、大学時代の仲間数名とITベンチャー企業を起ち上げる。以来18年間、商品開発やマーケティングなどを担当。2013年6月、家業である木村石鹸工業株式会社に入社し、2016年9月、四代目社長に就任。石鹸を現代的にデザインした自社ブランド商品を展開。OEM(受託製造)中心の事業モデルから、自社ブランド事業への転換をはかる。

木村石鹸

1924年創業。家庭用の石鹸、洗浄剤、化粧品、業務用洗剤・洗浄剤の開発、製造、販売を続け、2024年4月に創業100周年を迎えた。「Forbes JAPAN」の日本が誇る小さな大企業を選ぶ「SMALL GIANTS AWARD 2019」にて「ローカルヒーロー賞」受賞。

ブックデザイン　滝本 理恵(pasto)
カバービジュアル　井本 拓夢 (broom inc.)
撮影　清永 洋
編集まとめ　多田 千里
編集担当　平野 麻衣子(主婦の友社)

くらし 気《き》持《も》ち ピカピカ

ちいさな会《かい》社《しゃ》のおおらかな経《けい》営《えい》

2024年10月31日　第1刷発行

著　者／木《き》村《むら》祥《しょう》一《いち》郎《ろう》
発行者／大宮敏靖
発行所／株式会社主婦の友社
　〒141-0021　東京都品川区上大崎3-1-1 目黒セントラルスクエア
　電話　03-5280-7537(内容・不良品等のお問い合わせ)
　　　　049-259-1236(販売)
印刷所／中央精版印刷株式会社

ISBN978-4-07-460291-9

■本のご注文は、お近くの書店または
主婦の友社コールセンター(電話0120-916-892)までご連絡ください。
＊お問い合わせ受付時間　月～金(祝日を除く) 10:00～16:00
＊個人のお客さまからのよくある質問のご案内
https://shufunotomo.co.jp/faq/